IMP. GEORGES JACOB, — ORLÉANS.

LE DROIT MIS A LA PORTÉE DE TOUT LE MONDE

LES SERVITUDES

PAR

Le Professeur ÉMILE ACOLLAS

Pour le vrai.
Pour le bien.

PARIS
LIBRAIRIE CH. DELAGRAVE
15, RUE SOUFFLOT, 15

1880

LE DROIT MIS A LA PORTÉE DE TOUT LE MONDE

LES SERVITUDES

PAR

Le Professeur ÉMILE ACOLLAS

Pour le vrai.
Pour le bien.

PARIS
LIBRAIRIE CH. DELAGRAVE
15, RUE SOUFFLOT, 15

LE DROIT MIS A LA PORTÉE DE TOUT LE MONDE

LES SERVITUDES

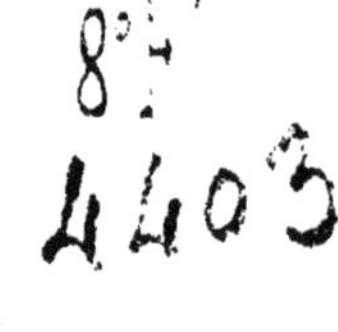

LE DROIT

MIS A LA PORTÉE

DE TOUT LE MONDE

Pour le vrai,
Pour le bien.

LES SERVITUDES

IDÉES GÉNÉRALES

Les servitudes se présentent très fréquemment dans la pratique, et très fréquemment aussi elles font subir au droit de propriété de regrettables échecs.

Tout en généralisant le plus possible la notion de la servitude, commençons par la préciser.

Ce que l'on appelle une servitude, dans la langue du Droit, est un démembrement de la propriété qui opère de deux façons :

Tantôt, en effet, la servitude enlève au propriétaire certains avantages de la propriété de sa chose et les confère à une autre personne, qui peut, d'ailleurs, être un tiers quelconque ; c'est ce qui a lieu, comme nous le verrons, pour celles des servitudes personnelles qui ont été spécialement réglées par le Code (usufruit, usage et habitation).

Tantôt la servitude anéantit pour un propriétaire certains avantages de la propriété de sa chose et en crée de corrélatifs au profit du propriétaire voisin : c'est le cas général des servitudes réelles (servitude de vue, servitude de passage sur un fonds, etc.)

Si l'on ajoute que les avantages de la propriété auxquels les servitudes peuvent se référer sont en nombre indéfini, on apercevra immédiatement à quel point peut être grave le démembrement de la propriété, résultant d'une servitude, soit personnelle, soit réelle.

Mais examinons de plus près la nature et les effets des servitudes.

La propriété étant une des formes de la liberté, il est d'abord évident, au point de vue théorique, que par là même que la servitude constitue un démembrement de la propriété, elle constitue aussi pour le propriétaire de la chose qui en est grevée une restriction plus ou moins large de sa liberté, — en tant qu'il s'agit de la chose en servitude ; — et c'est la nature de cette restriction de la liberté de se transmettre, avec la propriété, d'acquéreur en acquéreur.

De là de premiers inconvénients ; car supposons un domaine même d'une grande valeur, qui soit grevé, par exemple, d'un usufruit : ce sera malaisément, si l'usufruit a des chances de durée, que le propriétaire, au cas où son besoin l'y porterait, trouvera à aliéner un domaine dans cette condition, plus malaisément qu'il trouverait à l'hypothéquer, s'il voulait s'en faire un moyen de crédit.

Or, ce qui est vrai de l'usufruit l'est de toute servitude qui diminue dans une mesure quelque peu notable l'utilité ou l'agrément de la propriété; elle est une entrave à la circulation des biens et une entrave au crédit.

Que si, séparant les servitudes personnelles et les servitudes réelles, nous les considérons successivement, nous rencontrerons, en particulier dans l'usufruit, de nouveaux vices économiques.

C'est ainsi que, par une règle, au surplus commune à toutes les servitudes personnelles, l'usufruit présente un caractère au plus haut degré aléatoire, car, devant s'éteindre par la mort du titulaire, il soumet à une incertitude de chaque jour tous les intérêts qui se rattachent à son existence et à sa durée (1).

Il n'est donc pas étonnant que, moins encore que la propriété sans l'usufruit, que la nue-propriété, il attire les acquéreurs et les prêteurs sur hypothèque (2).

Ce point n'est pas le seul : dans la répartition, entre le nu-propriétaire et l'usufruitier, des avantages que pro-

(1) Il n'existe d'exception que pour les cas rares d'un usufruit constitué au profit d'une personne civile, c'est-à-dire d'une collectivité ayant en droit une personnalité; le Code fixe alors lui-même la durée de l'usufruit à trente ans. (Voir plus bas, p. 46.)

(2) Cependant ce vice de l'usufruit n'est pas absolument sans remède, et nous l'expliquerons dans notre petit traité sur Les Assurances.

cure la pleine propriété, il y en a un, et des plus considérables, qui disparaît ; ni l'usufruitier, ni le nu-propriétaire, n'ont le droit de transformer la chose, et ce n'est que par un accord entre eux, bien souvent difficile à réaliser, que la transformation serait licite. Ainsi, un usufruit porte-t-il sur une vigne, et conviendrait-il d'arracher la vigne pour lui substituer une culture plus productive, l'usufruitier n'aura le droit de transformer la vigne en un champ de blé, par exemple, que si le nu-propriétaire y consent. Et la réciproque va de soi.

Mais ce n'est pas tout encore, car l'amélioration même de la chose est compromise à mesure que la vie avance pour l'usufruitier, l'homme n'améliorant que s'il se croit sûr de posséder lui-même longtemps, ou s'il a la faculté de transmettre après lui à d'autres.

De ces diverses observations, il ressort manifestement que l'usufruit est peu profitable aux intérêts de la production, et c'est ce qui apparaîtrait tout aussi bien pour la production industrielle que pour la production agricole.

Par conséquent, un législateur, pénétré de l'intérêt économique, doit s'efforcer de restreindre l'application de l'usufruit le plus possible.

Quant aux servitudes réelles, comme l'usufruit, elles n'excluent pas, il est vrai, la jouissance du propriétaire, mais elles n'en atténuent pas moins cette jouissance, elles n'en peuvent pas moins, sous mille formes, lui créer des embarras et des gênes, et ce qui accroît encore le dommage de ces servitudes, c'est que jurisconsultes et législateurs en ont fait des espèces de qualités actives du fonds auquel elles profitent et de qualités passives du fonds qui les subit, si bien qu'*à perpétuité* s'imposent-elles à la volonté du propriétaire de ce dernier fonds; or, l'on comprend que, lorsque certaines nécessités de fait forcent le Droit à limiter la propriété de l'un au profit de la propriété de l'autre, c'est-à-dire a enlever à la propriété de l'un quelque chose qu'il attribue à la propriété de l'autre, cette limitation subsiste autant que la nécessité qui en forme la raison d'être, qu'elle subsiste indéfiniment, à perpétuité, comme l'on dit. C'est le cas général de ce qu'on nomme *les limitations de la propriété* et que nous avons expliqué ailleurs (1). Mais, autrement, en devrait-il être pour les servitudes réelles, car ces servitudes prennent toujours naissance par la volonté de l'homme et contrairement à la règle commune de la propriété ainsi que de la liberté des fonds; aussi paraîtrait-il conforme à l'intérêt le plus pratique comme à la raison théorique, que le propriétaire du fonds sur lequel pèsent les servitudes réelles eût toujours le droit d'en affranchir ce fonds à sa volonté, de payer une indemnité pour l'en libérer, en d'autres termes, de les racheter (2).

Et bien que, de leur côté, les servitudes personnelles soient simplement viagères, il y aurait également uti-

(1) Voir La Propriété, p. 45 et suiv.
Rappelons, en particulier, le cas où des eaux découlent naturellement d'un fonds supérieur sur un fonds inférieur.

(2) Dans l'état actuel de notre législation, il n'y a qu'une servitude qui soit rachetable, celle de pacage. (Voir plus bas, p. 85.)

lité et justice à leur appliquer aussi le droit de rachat.

En résumé, les servitudes personnelles et les servitudes réelles nuisent en maintes circonstances et de maintes manières au droit de propriété ; cependant, il ne s'ensuit pas pour cela qu'il n'y ait des situations, comme en témoignent les faits journaliers, où elles rendent des services sérieux.

Quant à expliquer en droit le principe des servitudes, cela peut sembler plus difficile, puisque toutes portent une certaine atteinte à la liberté ; mais le droit et la liberté, tels qu'à grand'peine les réalise la vie sociale, sont loin d'être un absolu, et ce qui suffit pour notre tâche, ce qui est le progrès et le bien, c'est que chaque jour le droit réalisé augmente et la liberté avec lui.

Indications historiques.

L'histoire des servitudes peut être contenue en quelques lignes.

C'est au Droit romain que nous avons emprunté la théorie de l'usufruit et aussi, en grande partie, celle des servitudes réelles.

L'origine des servitudes réelles, ou tout au moins des servitudes se rapportant à l'intérêt agricole, paraît avoir été la plus ancienne. Nulle matière ne fut, du reste, plus directement engendrée de la coutume et des règlements locaux.

Quant à l'usufruit, qui ne prit naissance que dans la suite, les jurisconsultes en développèrent longuement la théorie et à peu près telle en entier que nous l'avons recueillie; mais quelle merveille ne serait-ce pas qu'un Droit, édifié, il y a vingt siècles, sur une base toute romaine et pour le milieu social romain, s'accordât exactement aujourd'hui avec notre idée de Justice, avec nos vues d'utilité !

Cependant, les rédacteurs du Code civil ne furent guère préoccupés que d'un point, de changer un mot qui les troublait; ils craignirent, en effet, que le mot de *servitude* ne sonnât mal aux oreilles des générations nouvelles, et n'évoquât devant leurs yeux le spectre de l'ancien régime! Pour cette raison, ils enlevèrent aux servitudes personnelles leur dénomination collective, ne désignant chacune d'elles que par son nom particulier d'usufruit, d'usage et d'habitation; quant aux servitudes réelles, ils les gratifièrent d'une seconde appellation, celle de *services fonciers*, et, pour bien chasser toute équivoque, ils crurent utile d'ajouter que la servitude ou service foncier n'avait en rien le caractère féodal.

Mieux eût valu revoir de près le fond.

Dans l'état actuel, et pour nous en tenir à l'usufruit, nous en signalerons comme les causes de multiplication les plus actives et les plus sujettes à critique:

La jouissance des père et mère sur les biens de leurs enfants mineurs de 18 ans;

Les usufruits se rattachant aux régimes matrimoniaux (1).

(1) A parler un langage entièrement exact, la jouissance légale des père et mère et les usufruits matrimoniaux, pour

CODE CIVIL.

(Articles 578-710.)

Nous étudierons :

1° Les servitudes personnelles ;

2° Les servitudes réelles.

les juristes, ne sont pas des usufruits tout à fait purs. Ce sont, d'ailleurs, des droits présentant encore plus d'inconvénients pratiques que l'usufruit, parce qu'ils restreignent encore davantage les pouvoirs du bénéficiaire.

CHAPITRE PREMIER

Servitudes personnelles.

On appelle servitude personnelle un droit qui appartient à une personne déterminée contre le propriétaire d'un meuble ou d'un immeuble et qui astreint ce dernier à souffrir.

Supposons, par exemple, que Pierre ait, à titre d'usufruitier, le droit de jouir de l'immeuble B; cela voudra dire:

Que c'est à Pierre *déterminément* qu'appartient ce droit de jouir;

Que Pierre a ce droit contre *tout* propriétaire et *tout* détenteur de l'immeuble B;

Que *tout* propriétaire et *tout* détenteur de l'immeuble B est, par conséquent, tenu de souffrir la jouissance de Pierre, mais qu'il n'est, du moins d'une manière générale, tenu à rien de plus.

On voit par là que, comme nous l'avons déjà indiqué, l'usufruit est une *servitude personnelle*, puisque c'est bien à une personne déterminée qu'il appartient.

On voit aussi qu'il est en même temps un *droit réel*, puisque c'est la nature du droit réel d'être opposable à quiconque élève une prétention à l'objet du droit, et que l'usufruit a cette nature.

Outre l'usufruit, les servitudes personnelles dont s'occupe le Code sont l'usage et l'habitation.

Nous exposerons successivement les règles qui gouvernent ces trois servitudes.

Usufruit.

Commençons par compléter la définition de ce droit en la développant et en la précisant.

L'usufruit est le droit de *jouir* d'une chose dont un autre a la propriété, comme le propriétaire lui-même, mais à la charge d'en conserver la *substance*.

L'usufruit, disons-nous d'abord, confère le droit de jouir de la chose; cela signifie de retirer de la chose tous les services qu'elle peut rendre : par exemple, s'il s'agit de bœufs de labour, d'employer ces bœufs aux labours; en outre, de percevoir tous les fruits de la chose : par exemple, si l'usufruit porte sur un pré, de récolter les foins produits par ce pré.

L'usufruitier, avons-nous ajouté, doit jouir comme le propriétaire lui-même, c'est-à-dire comme jouirait un propriétaire supposé bon administrateur.

Enfin l'usufruitier doit conserver la *substance* de la chose. On entend ici par ce mot de substance la manière d'être de la chose qui la rend propre à un usage déterminé d'avance; ainsi, l'usufruitier n'a pas le droit de faire une hôtellerie d'une maison d'habitation.

L'usufruit est un droit dont la durée est limitée à la vie de l'usufruitier, et ce caractère viager et aléatoire contribue souvent à empêcher l'usufruitier de faire des améliorations (1).

D'un autre côté, le nu-propriétaire n'ayant pas plus que l'usufruitier le droit de changer la substance de la chose, il en résulte, comme nous l'avons déjà noté, qu'aussi longtemps que durera l'usufruit, à moins d'un accord entre le nu-propriétaire et l'usufruitier, le pré demeurera un pré, la vigne une vigne, ce qui risque de constituer un nouvel et grave inconvénient.

Voyons maintenant quelles sont les causes d'où peut dériver l'usufruit.

Il en existe deux : la loi et la volonté de l'homme.

L'effet de la loi s'applique à un cas de succession *ab intestat :* le père ou la mère qui succède à son enfant, en concours avec des collatéraux autres que les frères et sœurs ou leurs descendants, a droit à l'usufruit du tiers des biens auxquels il ne succède pas en totalité.

Sous la réserve de l'observation que nous avons faite à ce sujet, plus haut, page 11, note 1, on peut citer aussi comme des usufruits créés par la loi la jouissance légale des père et mère sur les biens de leurs enfants mineurs de dix-huit ans, de même les droits de jouissance qui existent sous les trois régimes ma-

(1) Comment évaluer l'usufruit lorsque cette évaluation s'impose? La loi sur l'enregistrement (22 frimaire an VII) veut qu'on l'estime à la moitié de la valeur de la propriété, et certains auteurs sont d'avis d'adopter cette base pour tous les cas; d'autres pensent que l'évaluation doit, pour chaque espèce, être faite d'après les circonstances, et qu'il y a lieu de s'en référer aux *Tables de la mortalité humaine* de Deparcieux et de Duvillard.

trimoniaux de communauté, d'exclusion de communauté et dotal (1).

En tant qu'il est établi par la volonté expresse de l'homme, l'usufruit comporte, en général, tous les modes d'établissement de la propriété auxquels sa nature particulière ne fait pas obstacle.

Comme les autres droits en général, il est, du reste, susceptible d'être pur et simple, à terme et sous condition.

Enfin il peut porter sur toute espèce de biens, même sur les créances et sur les rentes.

Cependant l'on verra qu'il y a certaines choses sur lesquelles ce n'est pas un véritable usufruit qui existe, mais un *quasi-usufruit.*

Examinons :

1° Les droits de l'usufruitier;

2° Ses obligations;

3° Les différentes manières dont l'usufruit prend fin.

Droits de l'usufruitier.

Nous avons dit que le droit de l'usufruitier est essentiellement le droit de jouir de la chose sujette à usu-

(1) Nous disons qu'il s'agit, dans ces cas, d'espèces d'usufruits *créés* par la loi; or, c'est là un point de vue qui, pour être celui du Code, n'en est pas moins erroné; ce qui est vrai, c'est que la loi n'a jamais à créer des droits, c'est qu'elle est ou doit du moins être une constatation de raison et de justice, et que tant vaut cette constatation, tant vaut-elle elle-même.

fruit, d'en retirer tous les services, d'en percevoir tous les fruits.

Mais, en dehors des fruits, c'est-à-dire des produits périodiques de la chose, il y a des produits qui ne sont pas périodiques, qui ne sont pas des fruits, et l'usufruitier n'y a pas droit.

Ainsi, il n'a droit ni aux bois de haute futaie qui n'ont pas été mis en coupes réglées, ni aux produits des carrières qui n'ont pas été mises en exploitation avant l'ouverture de l'usufruit.

Comment et à quel moment l'usufruitier acquiert-il les fruits ?

Pour répondre, il faut user d'une distinction.

S'il s'agit des *fruits* que le Code nomme *naturels* ou *industriels*, l'usufruitier les acquiert par le seul fait qu'ils sont séparés du sol et au moment où ce fait se produit, c'est-à-dire, en général, par la perception et au moment de la perception; il ne doit, d'ailleurs, les percevoir qu'à l'époque de la maturité.

C'est pourquoi si, au moment où l'usufruit commence, il existe des fruits pendants par branches ou par racines, la récolte entière appartient à l'usufruitier; à l'inverse, si, au moment où l'usufruit finit, il existe également des fruits pendants par branches ou par racines, la récolte appartient au propriétaire (1). Dans les deux cas, il n'y a lieu à aucune récompense, de part ni d'autre, pour les labours et semences,

(1) Voilà une nouvelle conséquence du caractère aléatoire de l'usufruit. Et comment, dans une pareille condition, l'usufruitier ne serait-il pas sans cesse à se demander s'il ne sera pas meilleur pour lui de s'abstenir que d'agir ?

C'est pourquoi encore la vente de fruits sur pied faite par l'usufruitier est nulle, c'est-à-dire non opposable par l'acheteur au propriétaire, lorsque l'usufruitier meurt avant la récolte; car, dans ce cas, il a vendu la chose d'autrui.

En ce qui est des *fruits civils*, ils s'acquièrent jour par jour, ce qui, si l'usufruit a duré plusieurs années, n'a d'application que pour la dernière année et veut dire que le revenu de cette dernière année est divisé en 365 parties, et qu'on attribue à l'usufruitier autant de 365es que l'usufruit a duré de jours.

Quant aux fruits qui sont les *produits du travail et du capital*, ou, par rapport à l'usufruitier, *les produits du seul capital* proprement dit, et qui ne se répartissent ni également ni régulièrement sur chacun des jours de l'année, — comme les revenus des usines et manufactures que l'usufruitier exploiterait par lui-même et qui ne marchent que pendant une partie de l'année, les revenus des mines et carrières qu'il exploiterait aussi par lui-même, les dividendes, payables à époque fixe, et tantôt forts, tantôt faibles, des actions dans les Compagnies industrielles, le prix de location des constructions qui ne peuvent être louées que pendant une partie de l'année, — ils ne sont, au sens légal, ni industriels, ni civils, et la solution manque en conséquence dans le Code. Nous sommes porté, pour notre part, à leur appliquer, comme étant la plus équitable, la règle de l'acquisition jour par jour (1).

(1) Et que de cas analogues témoignent que le Code de 1804 ne correspond plus à notre mouvement économique!

En ce qui concerne les actions qui servent de sanction à son droit, l'usufruitier a, comme le propriétaire, l'action possessoire contre quiconque le trouble dans la possession de son usufruit, et une action en revendication laquelle, sous le nom d'*action confessoire*, est applicable à toutes les servitudes, contre tout tiers qui conteste l'existence même de la servitude.

Quasi-usufruit.

C'est, comme nous l'avons déjà dit, le seul usufruit que comportent les choses *fongibles*.

Mais qu'est-ce bien que les choses fongibles?

Ce sont celles qui, dans l'intention des parties, peuvent être remplacées par un équivalent de même sorte.

Il faut noter ce point : *l'intention des parties*, car il est fondamental, et, pour l'avoir tenu dans l'ombre, on est arrivé à confondre ce qui peut être une preuve plus ou moins forte, selon les cas, du caractère fongible avec ce qui en est la base elle-même.

Expliquons la confusion si regrettable où l'on est tombé sur ce point.

D'ordinaire, on définit les choses fongibles les choses qui *se pèsent*, *se mesurent* ou *se nombrent*, — ou encore, les choses qui *se consomment par le premier usage*.

Ces deux définitions sont mauvaises, bien que l'une d'elles, la seconde, se rapproche cependant plus de la véritable que la première ; mais il y a d'abord à dire des deux que ce n'est pas la nature, la matérialité de la chose, qui lui donne le caractère fongible ; c'est, répéterons-nous, l'intention des parties, et cela posé, on pourrait dire, en effet, comme dans la seconde définition citée plus haut, que les choses fongibles sont celles qui se consomment par le premier usage, à la condition d'ajouter : lorsque telle est l'intention des parties et que cette intention est, en outre, que les choses en question puissent être remplacées par un équivalent de même sorte.

Ainsi, rien ne se consomme mieux que l'argent par le premier usage, et chacun sait que lorsqu'il a une fois vidé sa bourse, il ne se trouve rien dedans ; donc, à ne consulter que la nature de l'argent, on devrait, avec la seconde définition, déclarer qu'il est une chose fongible ; mais supposons que j'aie prêté à un changeur l'argent qui se trouvait dans ma bourse pour qu'il le mette en montre et à la condition qu'il me rende exactement les mêmes pièces : voilà l'argent, de fongible qu'il est, par sa nature, devenu non fongible par l'intention commune du changeur et de moi.

A l'inverse, un cheval ne se consomme pas par un premier et seul usage ; mais, si un marchand de chevaux, par exemple, emprunte à un autre un certain cheval pour en disposer à sa guise et sous la condition de lui en rendre un semblable, le cheval, non fongible de nature, sera, par la volonté des parties, devenu chose fongible.

Que ressort-il de là, sinon que les parties peuvent, à leur gré, transformer les choses qui sont fongibles par leur nature en choses qui ne le sont pas, et réciproquement ; qu'en définitive, pour savoir si une chose est ou non fongible, le seul point à considérer, c'est bien l'intention des parties ?

Quant au caractère qu'a la chose de se consommer habituellement par un premier et seul usage, il n'a d'importance que lorsque l'intention des parties n'apparait pas, et comme une preuve possible de cette intention (1).

Supposons donc maintenant un quasi-usufruit constitué, par exemple, sur de l'argent : tout de suite l'on aperçoit que la différence essentielle qui sépare le quasi-usufruit de l'usufruit, c'est que, tandis que, dans l'usufruit, l'usufruitier n'a acquis qu'un démembrement de la propriété, et que c'est la *chose même* qu'il est tenu de rendre, au contraire le quasi-usufruitier devient propriétaire de la chose, et ce n'est qu'une chose de *même sorte* qu'il est obligé de rendre.

Mais est-ce toujours une chose de même sorte? Que faut-il pour que ce ne soit pas une chose de même sorte qui doive être rendue?

Plaçons-nous d'abord dans l'hypothèse où le quasi-usufruit existe, sans qu'il y ait aucune convention des parties sur la chose à restituer; dans ce cas, c'est toujours une chose de même sorte qui doit être rendue,

(1) Le fait que les choses se pèsent, se mesurent et se nombrent, pourrait également être invoqué comme preuve de l'intention, mais ce fait est encore plus compréhensif et partant moins précis que celui de la consommation par un premier et seul usage, car que de choses se pèsent, se mesurent et se nombrent, qui ne sauraient rentrer dans la distinction des choses fongibles ou non fongibles!

Nous avons insisté, parce que la notion exacte du caractère fongible des choses est aussi peu répandue qu'importante, et que le Code lui-même s'y est constamment trompé.

c'est-à-dire une chose de pareille quantité et qualité, quelle qu'en soit d'ailleurs la valeur.

Ainsi, un quasi-usufruit est-il constitué sur du blé, l'est-il sur du vin; c'est du blé ou du vin en même quantité et de même qualité que celui qu'il a reçu que le quasi-usufruitier devra rendre à la fin du quasi-usufruit, et tant pis ou tant mieux pour lui, selon que la valeur en a augmenté ou diminué.

Mais justement, contre ces chances d'augmentation ou de diminution de la valeur, il y a une précaution à prendre, et chacun sait que cette précaution consiste à faire, dès l'origine, l'*estimation* de la chose. C'est, dans ce cas, comme s'il était intervenu une vente entre le propriétaire et le quasi-usufruitier, et alors ce n'est plus jamais une chose de même sorte que celui-ci puisse ou doive rendre, c'est toujours l'estimation.

Par là, aussi, l'on voit que si la chose donnée en quasi-usufruit périt entre les mains du quasi-usufruitier, cette circonstance, dans aucun cas, — et qu'il y ait ou non estimation, — n'influe sur son obligation.

Nous nous bornerons à mentionner la ressemblance qui existe entre le quasi-usufruit et le prêt de consommation, en faisant remarquer cependant que, sauf toute dispense régulière, le quasi-usufruitier, comme l'usufruitier (voir plus bas, p. 32), est tenu de donner caution, tandis que l'emprunteur ne fournit une caution que lorsqu'il s'y est obligé; qu'en outre, le droit du quasi-usufruitier périt avec lui, tandis que celui de l'emprunteur passe à ses héritiers.

Usufruit sur un fonds de commerce.

Il est d'abord évident qu'il ne faut pas confondre le fonds de commerce avec les marchandises qui font l'objet du commerce. Le fonds de commerce est un être de raison comprenant les marchandises, la clientèle et les relations pour les débouchés, les relations pour les approvisionnements, la notoriété et le crédit, en un mot, tout ce qui constitue, au sens le plus large, les éléments d'un commerce.

L'usufruitier a non seulement le droit, mais l'obligation de continuer l'exploitation du fonds sujet à usufruit, car il est tenu de conserver la substance de la chose.

Il ne peut, en conséquence, ni changer la nature du commerce ni le cesser; mais il a, comme tout usufruitier, le droit de louer.

Quant à l'obligation de rendre la chose à la fin de l'usufruit, elle peut donner lieu à de sérieuses difficultés pratiques pour le cas où le fonds se serait amoindri entre les mains de l'usufruitier, car il y aurait à examiner si l'amoindrissement provient de la faute de l'usufruitier et dans quelle mesure il en provient.

S'il y a eu estimation du fonds de commerce, sans que les parties aient marqué l'intention que l'estimation vaille vente au profit de l'usufruitier, on devra interpréter l'estimation en ce sens que l'usufruitier s'est obligé à rendre un fonds de la valeur de celui qu'il a reçu. Il y aura, par conséquent, à faire une double estimation, l'une au commencement de l'usufruit, l'autre à la fin, et la différence entre les deux estimations constituera l'usufruitier créancier ou débiteur, selon que le fonds aura prospéré ou dépéri entre ses mains (1).

Usufruit sur les choses qui se détériorent peu à peu par l'usage.

C'est le cas d'un usufruit sur le linge, les meubles meublants, etc.

Comme il existe alors un véritable usufruit, le nu-propriétaire est passible des *risques*, c'est-à-dire des détériorations ou de la perte de la chose arrivées par cas fortuit ou par force majeure, ce qui revient à dire aussi que l'usufruitier n'est tenu de rendre la chose, dol et faute à part, que telle qu'elle se comporte à la fin de l'usufruit.

Usufruit établi sur une créance, sur une rente perpétuelle ou viagère, sur un usufruit.

L'usufruit d'une créance donne à l'usufruitier le droit d'en percevoir les intérêts.

Cependant, si la créance est *exigible*, l'usufruitier a le droit d'en toucher le capital et de disposer de ce capital, sauf, à la fin de l'usufruit, à en rendre un qui soit l'équivalent de celui qu'il a touché.

(1) Mais on voit quelles complications est susceptible d'engendrer la constitution d'un usufruit sur un fonds de commerce, et en définitive combien peu, répéterons-nous de nouveau, l'usufruit s'harmonise avec les besoins de mouvement, de vie, de transformations, qui, de nos jours, sont ceux de l'industrie !

L'usufruit d'une rente soit *perpétuelle*, soit *viagère*, se règle de la même façon; mais il est à remarquer, pour la rente viagère, que le remboursement n'en est jamais possible, et que, par conséquent, l'usufruitier n'est jamais en position de se servir du capital.

On peut constituer un usufruit sur un autre usufruit, et c'est toujours les mêmes décisions qui s'appliquent: le second usufruitier gagne les fruits qu'il a perçus et ne restitue que le droit d'usufruit.

Usufruit sur les arbres.

Bois taillis. — L'usufruitier a le droit de les exploiter à son profit, en se conformant à l'aménagement réglé par le propriétaire.

A défaut d'aménagement formel, ou si le propriétaire, mauvais administrateur, pratiquait des coupes insolites, l'usufruitier doit consulter l'usage des propriétaires qui possèdent des bois de même nature dans la même région.

L'*aménagement* comprend l'*ordre* et la *quotité* des coupes: l'ordre, c'est-à-dire la distribution des bois en coupes successives, et la quotité, c'est-à-dire l'étendue des coupes d'après l'âge des bois.

Arbres des pépinières. — L'usufruitier en jouit comme le propriétaire; il a le droit d'en prendre les arbres, sauf à tenir la pépinière en état.

Arbres de haute futaie. — Si la futaie a été aménagée, l'usufruitier en jouit, conformément à l'aménagement des anciens propriétaires.

Si elle n'a pas été aménagée, elle constitue un capital auquel l'usufruiter ne doit pas toucher.

Il n'a jamais le droit d'établir, comme pour les bois taillis, un aménagement.

Il peut cependant :

D'une part, recueillir sur les arbres les produits périodiques, suivant l'usage;

D'autre part, employer les arbres eux-mêmes aux réparations dont il est tenu, à la charge d'en faire, constater la nécessité avec le propriétaire — ou prendre dans la futaie des échalas pour les vignes qui dépendent de son usufruit.

Il a, du reste, le droit de recueillir sur les arbres les produits annuels ou périodiques, suivant l'usage du pays ou la coutume des propriétaires.

Arbres fruitiers. — L'usufruitier a droit à ceux qui meurent ou qui sont arrachés ou brisés par accident; seulement il est tenu de les remplacer.

Dans les mêmes circonstances, l'usufruitier n'acquiert pas les arbres d'une haute futaie non aménagée, parce qu'il y aurait à craindre qu'il ne les fît périr pour se les approprier.

Ce danger n'existe pas pour les arbres fruitiers dont les produits périodiques valent mieux que le bois mort.

Usufruit sur les mines et carrières.

Lorsque la mine ou la carrière n'est pas encore en exploitation à l'ouverture de l'usufruit, l'usufruitier n'a aucun droit à ses produits.

Cependant, s'il s'agit d'une mine et que la concession en soit faite durant l'usufruit, l'usufruitier a le droit de réclamer une indemnité pour le dommage que la recherche ou l'exploitation a pu causer à sa jouissance.

Lorsque la mine ou la carrière est déjà en exploitation à l'ouverture de l'usufruit, deux hypothèses sont possibles :

Ou la concession a été faite au propriétaire,

Ou elle a été faite à un étranger.

Si la concession a été faite par le gouvernement au propriétaire, l'usufruitier a le droit de la continuer, sans avoir besoin d'obtenir personnellement une concession nouvelle; car, d'après la législation en vigueur (loi du 21 avril 1810), la concession de la mine est une propriété impersonnelle et transmissible comme toute autre propriété.

Si la concession a eu lieu au profit d'un autre que le propriétaire, l'usufruitier a droit à la redevance annuelle que doit le concessionnaire.

Cette redevance est, en effet, considérée comme une annexe de la surface; elle est immobilière comme elle, et elle est grevée des hypothèques qui existaient sur le fonds avant la concession de la mine.

Usufruit sur les animaux.

Il y a à distinguer deux cas, celui où l'usufruit est établi sur un animal ou sur plusieurs animaux considérés isolément, et celui où il est établi sur un troupeau.

Premier cas. — Lorsque l'usufruit est établi sur un animal ou sur plusieurs animaux pris isolément, la mort de l'animal ou de chacun des animaux libère l'usufruitier de toute obligation de rendre, à moins pourtant que l'animal ou les animaux n'aient été considérés comme choses fongibles.

Second cas. — Lorsque l'usufruit est établi sur un troupeau, l'usufruitier a l'obligation d'entretenir le troupeau au moyen du croit actuel et futur.

L'usufruit s'éteint si le troupeau périt entièrement sans la faute de l'usufruitier, qui doit alors rendre les cuirs.

Étendue du droit de l'usufruitier.

L'usufruitier reçoit la chose telle qu'elle se trouve entre les mains du propriétaire auquel il succède quant au droit de jouissance; il la reçoit avec toutes les qualités ou prérogatives qui peuvent en augmenter ou diminuer l'utilité.

Ainsi, les servitudes sont des qualités du fonds; l'usufruitier a donc le droit d'en jouir.

Il est même tenu de les *entretenir*, sinon il serait responsable envers le nu-propriétaire.

Il jouit également, à l'exclusion du propriétaire, du droit de chasse et du droit de pêche.

Ainsi encore, l'alluvion est une amélioration intrinsèque du fonds et l'usufruitier en jouit.

Il en est de même du lit abandonné par un fleuve ou par une rivière qui envahit le fonds sujet à usufruit; puisqu'il a paru juste qu'en pareil cas le propriétaire obtînt, à titre d'indemnité, la propriété du lit abandonné, c'est même justice que l'usufruitier obtienne, à titre pareil, l'usufruit de ce lit.

Au contraire, l'île qui se forme dans le lit de la rivière ne causant à l'usufruitier aucun préjudice, il n'y a point de raison de lui en attribuer la jouissance.

L'usufruitier a-t-il droit de donner à ferme ou à loyer les biens soumis à l'usufruit, de vendre ou de céder son droit?

Oui, évidemment, car, soit qu'il donne les biens à ferme ou à loyer, soit qu'il vende ou cède son droit, il ne fait qu'exercer son droit de jouissance sans en sortir.

Mais examinons séparément l'hypothèse où il loue les biens et celle où il vend ou cède son droit.

Lorsque l'usufruitier donne à ferme ou à loyer les biens de l'usufruit, il est soumis à deux règles concernant, l'une la durée, l'autre le renouvellement du bail.

A l'égard de la durée, si le bail a été fait pour une période de plus de neuf ans, et si, avant qu'il ait pris fin, l'usufruit vient à s'éteindre, le bail doit être décomposé en périodes de neuf ans, et il n'oblige le nu-propriétaire que pour le temps qui reste à courir de la période de neuf ans dans laquelle on se trouve.

En ce qui est du renouvellement, il n'oblige le nu-propriétaire que s'il a lieu dans un délai déterminé (trois ans pour les biens ruraux, deux ans pour les biens urbains), avant l'expiration du bail courant. Cependant, le bail renouvelé, même avant cette époque, serait opposable au nu-propriétaire, s'il avait commencé à être mis à exécution avant l'expiration de l'usufruit (1).

De ces deux règles combinées, il résulte que le nu-propriétaire peut se trouver obligé de subir, même pendant un laps de onze ou douze ans, un bail passé sans son consentement.

Cette volonté de la loi est singulièrement oppressive et n'est pas de nature à recommander l'usufruit.

Lorsque l'usufruitier vend ou cède son droit, c'est avec tous les caractères que l'usufruit comporte dans sa personne qu'il le vend ou le cède. Aussi l'acquéreur ou le cessionnaire a-t-il non seulement le droit de jouir de la chose à la place de l'usufruitier, mais encore, si l'usufruit porte sur un immeuble, il a le droit d'hypothéquer l'usufruit, comme l'eût pu faire l'usufruitier, et, de même, ses créanciers personnels ont le droit de le saisir immédiatement sur lui.

L'usufruit, au surplus, continue de reposer sur la tête du cédant et d'être soumis aux mêmes causes d'extinction que si la cession n'avait pas eu lieu.

Rapports de l'usufruitier avec le nu-propriétaire.

En même temps que, vis-à-vis l'usufruitier, le nu-propriétaire n'est tenu qu'à l'obligation passive de le laisser jouir, il a le droit de faire, dans son propre in-

(1) Ce sont ces mêmes règles qui s'appliquent au tuteur pour la location des biens du pupille ou de l'interdit, et, sous les régimes de communauté et sans communauté, au mari pour la location des biens de sa femme.

térêt, tous les actes qui, sans nuire à l'usufruitier, constituent l'exercice du droit de propriété.

C'est ainsi que l'on admet que le nu-propriétaire a le droit de faire les grosses réparations, lors même qu'elles sont de nature à entraîner pour l'usufruitier une privation de jouissance plus ou moins longue.

L'usufruitier, de son côté, est tenu, comme nous le savons, de conserver la substance de la chose ; il n'a, du reste, droit à aucune indemnité, s'il l'améliore, car on ne comprendrait pas qu'il pût grever le nu-propriétaire de dépenses auxquelles celui-ci n'a pas consenti.

Cependant le Code autorise l'usufruitier ou ses héritiers à reprendre les glaces, tableaux et autres ornements placés par lui, sauf à lui de rétablir les lieux dans leur premier état.

Quant aux constructions faites par l'usufruitier sur le fonds sujet à usufruit, les uns soutiennent que le propriétaire a le droit de les garder sans indemniser l'usufruitier, et que l'usufruitier, de son côté, n'a pas le droit de les enlever, même à la condition de rétablir les lieux dans leur premier état ; les autres décident que le propriétaire n'a le droit de garder les constructions qu'à la charge d'indemniser l'usufruitier, et que, s'il s'y refuse, l'usufruitier a le droit de les enlever, mais est en même temps obligé de rétablir les lieux dans leur premier état.

Sur cette question, la jurisprudence est indécise.

Obligations de l'usufruitier.

Les obligations que la loi impose à l'usufruitier doivent être accomplies soit avant, soit pendant, soit après la jouissance.

Obligations avant la jouissance.

Avant d'entrer en jouissance, l'usufruitier est tenu :

1° De faire dresser, en présence du propriétaire ou lui dûment appelé, un inventaire des meubles et un état des immeubles sujets à l'usufruit;

2° De donner caution.

Obligation de faire inventaire. — Lorsque l'usufruitier et le nu-propriétaire sont tous les deux majeurs, capables et d'accord, la forme sous seing privé suffit pour l'inventaire et pour l'état.

Dans le cas contraire, l'intervention d'un notaire et la forme authentique sont indispensables.

Lorsque l'usufruitier se met en possession des meubles avant d'en avoir fait dresser un inventaire, le nu-propriétaire a le droit d'en prouver contre lui la consistance, tant par titres (pièces en bonne et due forme) que par témoins et même par commune renommée.

On entend par *commune renommée* la preuve par témoins, dans le cas où ceux-ci sont admis à déposer non seulement de ce qu'ils ont vu et entendu, mais encore de leurs appréciations.

Lorsque l'usufruitier se met en possession des immeubles avant d'en avoir fait dresser un état, il est présumé les avoir reçus en bon état.

Obligation de donner caution. — L'usufruitier doit donner caution de jouir, comme on dit traditionnellement, en bon père de famille, c'est-à-dire en propriétaire soigneux.

Il y a dispense de caution :

1° Pour les père et mère, relativement à la jouissance légale des biens de leurs enfants mineurs ;

2° Pour le vendeur et le donateur qui se sont réservé l'usufruit de la chose vendue ou donnée ;

3° Pour le mari dans les différents régimes où il a la jouissance légale des biens de sa femme.

D'ailleurs, le titre constitutif de l'usufruit peut contenir, en général, la dispense de fournir caution (1).

Si l'usufruitier ne parvient pas à trouver une caution,— et ce n'est pas petite affaire que d'y parvenir, — il est admis à fournir un gage ou une hypothèque.

A défaut de caution, de gage ou d'hypothèque, la loi prescrit diverses mesures qui se résument en ceci : on retire à l'usufruitier l'exercice de son droit, en lui en conservant, autant que possible, le bénéfice.

Ainsi, le Code dispose que les immeubles doivent être donnés à ferme et mis en séquestre, que les sommes

(1) Nous appliquons pour notre part cette solution, malgré une très vive controverse, au cas qui se présente assez fréquemment dans la pratique où l'un des époux, comme le Code lui en donne le droit, a donné ou légué à son conjoint l'usufruit de la réserve de ses ascendants ou d'une partie de celle de ses enfants.

comprises dans l'usufruit doivent être placées, que les denrées doivent être vendues et le prix en provenant pareillement placé, mais que le montant des fermages et loyers et les intérêts des sommes appartiendront à l'usufruitier.

Quant aux meubles qui dépérissent par l'usage, comme il est possible que nonobstant la détérioration à laquelle ils vont être exposés le nu-propriétaire veuille les conserver, c'est à ce dernier de décider s'ils doivent être ou non vendus. Dans le cas où il opte pour la vente, le prix en est placé comme celui des denrées, et alors l'usufruitier jouit de l'intérêt pendant son usufruit; néanmoins, il est permis aux tribunaux d'autoriser l'usufruitier à conserver une partie des meubles nécessaires à son usage, sous la simple garantie du serment, et, bien entendu, à la charge de les représenter à l'extinction de l'usufruit.

Enfin, à l'égard des meubles qui ne dépérissent pas par l'usage, et que le nu-propriétaire peut tenir à conserver en nature, par exemple les collections artistiques, c'est à lui qu'on les remet.

Remarquons que le retard de donner caution n'empêche pas que l'usufruitier n'ait droit aux fruits à partir du moment où son droit s'est ouvert, et l'on pense, en général, qu'il faut étendre cette décision au double cas où l'usufruitier aurait omis de faire inventaire ou de faire dresser un procès-verbal constatant l'état des immeubles.

Obligations pendant la jouissance.

Pendant sa jouissance, l'usufruitier est tenu :

1° De faire les réparations d'entretien;

2° De payer seul les charges annuelles et ordinaires et de contribuer avec le nu-propriétaire au paiement des charges accidentelles ;

3° De répondre de certaines fautes.

Dépenses d'entretien. — On oppose aux dépenses ou réparations d'entretien les grosses réparations.

Mais que faut-il entendre par les unes et par les autres?

Évidemment la question est de fait et elle eût gagné à rester dans le pur domaine du fait.

Néanmoins on assigne, selon le droit, pour triple caractère aux réparations d'entretien :

1° D'être régulières et périodiques;

2° D'avoir une durée qui ne dépasse pas la vie de l'homme;

3° De pouvoir d'ordinaire être soldées sur les revenus.

Quant aux grosses réparations, le Code a cru ne pouvoir mieux faire que d'en dresser lui-même la liste pour les bâtiments.

Et voici comment il s'exprime :

Les grosses réparations sont :

« Celles des gros murs et des voûtes;

« Le rétablissement des poutres et des couvertures entières ;

« Celui des digues et des murs de soutènement et de clôture aussi en entier. »

Toutes les autres réparations sont d'entretien.

S'il ne s'agit pas de bâtiments, c'est à la sagacité des juges de discerner ce qui est grosse réparation ou réparation d'entretien.

Les réparations d'entretien auxquelles l'usufruitier est tenu de pourvoir sont, d'ailleurs, seulement celles qui ont une cause postérieure à l'usufruit, mais il n'est pas douteux qu'il ne puisse s'en libérer pour l'avenir en renonçant à son usufruit.

Quant aux grosses réparations, le nu-propriétaire n'est pas plus tenu de les faire que l'usufruitier, car le propriétaire, répétons-le, n'est tenu qu'à laisser jouir l'usufruitier.

Cependant, si l'usufruitier a fait lui-même les grosses réparations, on lui permet de réclamer, à l'extinction de l'usufruit, une indemnité du nu-propriétaire, toutes les fois qu'il y a lieu de présumer que le nu-propriétaire les aurait faites.

Cette indemnité sera du montant de la plus-value créée par les travaux, ou du montant de la dépense, si elle est inférieure à la plus-value.

Charges ordinaires et extraordinaires. — Les charges annuelles et ordinaires de l'héritage, par exemple les impôts, les frais de garde, de curage des rivières et des fossés, etc., doivent être supportées par l'usufruitier seul, car une bonne administration acquitte ces charges avec les revenus.

Pour les charges extraordinaires et accidentelles, telles qu'un emprunt forcé, une contribution de guerre, etc., survenus pendant l'usufruit, le nu-propriétaire doit en payer le capital, et l'usufruitier doit lui tenir compte des intérêts.

Il en est de même des frais des procès qui intéressent la pleine propriété. Il faut cependant remarquer que, lorsque l'usufruit est constitué à titre onéreux, le constituant est tenu, en principe, de la garantie envers l'usufruitier.

Lorsque ni le nu-propriétaire ni l'usufruitier ne veulent avancer le capital, les tribunaux ont le droit d'ordonner, d'après les circonstances, la vente du fonds en nue propriété et en usufruit jusqu'à concurrence du montant des charges.

Responsabilité en cas de faute. — La faute dont l'usufruitier est responsable envers le nu-propriétaire, c'est celle que ne commettrait pas un propriétaire diligent. Ainsi, un tiers se rend-il coupable de quelque usurpation sur le fonds ou attente-t-il autrement aux droits du nu-propriétaire, l'usufruitier est responsable, s'il néglige d'avertir le nu-propriétaire.

Quand ce sont des bâtiments qui sont l'objet de l'usufruit, le cas d'incendie mérite une attention particulière.

En principe, d'abord, l'usufruitier, étant tenu de restituer à la fin de l'usufruit la chose sur laquelle porte son droit, c'est à lui si, à la fin de l'usufruit, il ne peut rendre cette chose, de prouver, pour être libéré, qu'elle a péri par cas fortuit. Mais le cas d'incendie n'est pas nécessairement un cas fortuit, et c'est bien souvent par la faute des habitants de la maison qu'il se réalise; d'où il suit très logiquement que c'est à l'usufruitier de prouver aussi que l'incendie a eu le caractère d'un cas fortuit.

Du reste, l'usufruitier doit être admis à invoquer tous

les faits qu'il juge bons pour établir qu'il est exempt de faute.

Qu'il ne soit pas tenu, au surplus, de faire assurer les bâtiments, la chose va de soi, puisque la loi, à tort peut-être (1), ne lui a pas imposé cette obligation, mais, si l'usufruitier a fait une assurance et que les bâtiments périssent, comment régler le droit relatif à l'indemnité? Comme l'usufruitier n'avait droit qu'à la jouissance de la chose, il est rationnel de décider qu'il n'aura que le droit de jouir de l'indemnité, et qu'à la fin de l'usufruit il devra la rendre au propriétaire qui, bien entendu, lui devra, de son côté, la restitution des primes.

(1) Ce n'est pas le lieu de traiter ici, même incidemment, des mérites de l'assurance; nous nous bornerons à dire qu'il existe un intérêt social de premier ordre à ce que l'assurance se popularise et à ce que la loi contribue de tous ses efforts à amener ce résultat.

En cas d'usufruit, l'usufruitier qui a la jouissance présente serait chargé de faire l'assurance, et le capital des primes lui serait remboursé à la fin de l'usufruit.

APPENDICE

Règlement des dettes de la succession dans le cas du legs d'usufruit.

Souvent l'usufruit est établi par legs ; alors se présente la question de savoir si les dettes du testateur sont, dans une mesure quelconque, à la charge du légataire de l'usufruit.

La règle la plus générale qu'il y ait à poser est celle-ci : les légataires de l'usufruit supportent les intérêts des dettes que les légataires de la pleine propriété doivent acquitter en capital et en intérêts.

Résumons donc d'abord les règles qui s'appliquent aux legs de la pleine propriété.

On distingue trois sortes de legs de propriété : le legs universel, le legs à titre universel et le legs particulier.

Le legs universel est celui qui donne au légataire le droit de recueillir d'une manière éventuelle, mais non pas certaine, l'universalité de la succession. Supposons, par exemple, une personne qui laisse 100,000 fr. de fortune et qui ait fait quatre legs particuliers de 25,000 fr., et, en plus, un legs universel ; ce n'est que dans le cas où un des légataires particuliers fera défaut que le légataire universel recueillera une part quelconque des

100,000 fr., mais, si les quatre font défaut, il recueillera la totalité des 100,000 fr.

Le legs à titre universel est celui qui donne au légataire une quote-part de l'universalité des biens: ainsi, un quart, un tiers, une moitié de cette universalité, ou tous les immeubles, ou tous les meubles, ou une quote-part des immeubles ou des meubles.

Tout legs ne rentrant pas dans les catégories précédentes est déclaré legs particulier.

Le légataire universel est tenu des dettes proportionnellement à son émolument.

Il en est de même du légataire à titre universel.

Quant au légataire particulier, il n'est pas astreint au paiement des dettes.

Le legs d'usufruit, quelle qu'en soit l'étendue, ne pouvant jamais rentrer ni dans la définition des legs universels ni dans celle du legs à titre universel, on en conclut qu'il est toujours un legs particulier.

Il est bien vrai, d'ailleurs, que le legs d'usufruit comporte, comme legs d'usufruit, les divisions en legs universel, legs à titre universel et legs particulier, selon les définitions mêmes que nous venons de donner pour les trois sortes de legs de la propriété, et en restreignant ces définitions à l'usufruit.

Toutefois, comme la division des legs dans le Code ne se réfère qu'aux legs de propriété, on est conduit à dire, au point de vue de cette division, que tous les legs d'usufruit sont des legs particuliers.

Il semblerait donc que la question du réglement des dettes du testateur, en ce qui concerne le légataire de l'usufruit, est par là même tranchée, et que le légataire de l'usufruit, à part le cas où l'immeuble est grevé d'une hypothèque, n'en doit jamais être tenu.

Cependant une distinction est à faire :

S'agit-il de créances qui soient de pures charges des fruits, c'est-à-dire de rentes viagères, de pensions alimentaires, de toute rente ou pension qui grève le passif de la succession, le légataire de l'usufruit universel les acquitte dans leur intégrité, et le légataire de l'usufruit à titre universel dans la proportion de sa jouissance, sans aucune répétition contre personne.

S'agit-il de dettes qui, pour le capital, soient des charges de la propriété et, pour les intérêts, des charges des fruits; le nu-propriétaire est tenu d'acquitter le capital, le légataire de l'usufruitier universel acquitte tous les intérêts, le légataire de l'usufruit à titre universel paie les intérêts proportionnellement à sa jouissance.

Et ce que nous disons des intérêts des dettes, il faut le dire aussi des arrérages des rentes perpétuelles ou viagères qui feraient partie du passif de la succession.

Quant au légataire d'usufruit particulier, même pour les dettes qui sont des charges des fruits, il est en dehors de toute atteinte.

Mais comment répartir entre le nu-propriétaire et les légataires de l'usufruit universel ou de l'usufruit à titre universel les dettes qui, pour le capital, sont des charges de la propriété, et, pour les intérêts, des charges des fruits?

Le Code a indiqué trois procédés pour opérer cette répartition.

Premier procédé. — L'usufruitier avance le capital de la dette et n'en réclame la restitution qu'à la fin de l'usufruit sans aucun intérêt.

Soit, par exemple, un legs d'usufruit universel, un patrimoine de 100,000 fr., et une dette de 20,000 fr.

D'après ce premier procédé, le légataire paye les 20,000 fr., conserve l'usufruit des 100,000 fr. et se fait rembourser à la fin de l'usufruit, sans aucun intérêt, les 20,000 fr. qu'il a payés.

Il en résulte évidemment qu'il n'a eu, en réalité, l'usufruit que de 80,000 fr., c'est-à-dire de ce que le testateur a laissé d'actif net, et, en effet, les juristes professent que l'usufruitier ne doit avoir que la jouissance de l'actif net.

Deuxième procédé. — On suppose que, l'usufruitier ne voulant pas faire l'avance du capital, ce soit le nu-propriétaire qui paye lui-même le créancier ; dans ce cas, l'usufruitier devra tenir compte au nu-propriétaire des intérêts pendant la durée de l'usufruit.

En maintenant la même espèce, on voit encore que l'usufruitier n'a l'usufruit que de 80,000 fr.

Troisième procédé. — Celui-ci s'applique lorsque ni l'usufruitier ni le nu-propriétaire ne veulent faire l'avance du capital ; alors le nu-propriétaire fait vendre jusqu'à due concurrence la pleine propriété d'une portion des biens soumis à l'usufruit.

D'après ce troisième procédé, comme d'après les deux précédents, l'usufruitier n'a toujours la jouissance que de 80,000 fr.

Remarquons que, lorsque l'usufruit est à titre universel, il y a lieu de déterminer la valeur respective des différents biens qui composent la succession pour connaître le rapport de la contribution entre l'usufruitier et le nu-propriétaire; mais une question est à régler pour le cas où le legs d'usufruit est à titre universel et qu'il porte sur tous les immeubles, ou sur tous les meubles, ou sur une fraction de tous les immeubles, ou sur une fraction de tous les meubles; comment déterminer alors le rapport de la contribution entre l'usufruitier et le nu-propriétaire?

Ce qu'il y a à faire, c'est d'estimer les biens sujets à usufruit, et de fixer ensuite, en comparant leur valeur à celle des autres biens, la fraction des dettes aux intérêts desquelles le légataire doit contribuer.

Supposons, par exemple, un legs d'usufruit qui porte sur tous les immeubles de la succession; ces immeubles sont estimés 40,000 fr., les meubles 20,000 fr., la succession est donc de 60,000 fr.; l'usufruitier de tous les immeubles a l'usufruit de 40,000 fr. sur 60,000; il a, par conséquent, l'usufruit des deux tiers de la succession; pour combien doit-il contribuer au paiement des intérêts des dettes? Évidemment, pour les deux tiers.

Remarquons que l'estimation dont nous venons d'indiquer le procédé n'a aucune application lorsqu'il s'agit d'un legs d'usufruit universel, ou même d'un legs d'usufruit à titre universel portant sur une fraction aliquote de tous les biens, la moitié, le tiers, le quart, etc. En effet, dans le cas du legs d'usufruit universel, l'usufruitier, ayant la totalité des revenus, doit payer la totalité des intérêts des dettes, et, dans le cas de l'usufruit à titre universel portant sur la moitié, le tiers ou le quart des biens, la contribution de l'usufruitier aux intérêts des dettes est logiquement de la moitié, du tiers ou du quart.

Signalons, enfin, une hypothèse où le légataire d'un usufruit particulier, qui, en règle, n'est pas tenu même des intérêts des dettes, pourra se trouver forcé d'en acquitter même le capital. Cette hypothèse est celle où le fonds dont l'usufruit a été légué à titre particulier est grevé d'une hypothèque ; dans ce cas, en effet, il n'y a aucune différence entre le légataire d'un usufruit particulier et un autre tiers détenteur, ce qui implique que, comme tout autre tiers détenteur, le légataire de l'usufruit devra payer le montant de l'hypothèque.

Mais ce légataire aura un recours contre les héritiers et successeurs à titre universel, et aussi contre le nu-propriétaire, quel qu'il soit.

Obligations après la jouissance.

Elles se résument dans l'obligation générale de rendre la chose sujette à usufruit.

Lorsque l'usufruitier n'est pas à même de la rendre, parce qu'elle a péri, s'il allègue qu'elle a péri par cas fortuit ou par force majeure, c'est, selon le droit commum, à lui de le prouver. Au moyen de cette preuve, il est libéré.

Si elle a péri par sa faute, il est évidemment passible de tous dommages-intérêts envers le propriétaire.

Causes d'extinction de l'usufruit.

Ces causes sont les suivantes :

1° La mort de l'usufruitier ;

2° L'arrivée du terme ;

3° La consolidation ;

4° Le non-usage ;

5° La perte totale de la chose ;

6° L'abus de jouissance de l'usufruitier ;

7° La renonciation ;

8° La résolution, la révocation ou l'annulation du droit de l'usufruitier ;

9° La résolution du droit du constituant ;

10° L'expropriation pour cause d'utilité publique ;

11° La prescription acquisitive.

Mort de l'usufruitier.

On professe, en général, que l'usufruit est un droit essentiellement viager et que la convention des parties ne peut le prolonger au delà de la vie de l'usufruitier (1).

Il résulte de là qu'un usufruit constitué par la conven-

(1) Mais d'où vient alors que l'emphytéose ne répugne pas, par essence, à la perpétuité, comme l'usufruit ? D'où vien que les servitudes réelles aient toujours été réputées des droits perpétuels ? (V. plus haut, p. 8-9.)

Ce qu'il faudrait, et ce qui suffirait, c'est que tous les démembrements de la propriété fussent rachetables.

tion des parties pour un laps de temps déterminé s'éteint toujours par la mort de l'usufruitier.

Cependant la constitution d'un usufruit sur plusieurs têtes est valable, pourvu que les personnes au profit desquelles cette constitution a lieu soient conçues ou vivantes.

Lorsque l'usufruit est constitué au profit d'une personne civile, comme les personnes civiles peuvent subsister indéfiniment, la loi assigne à l'usufruit une durée de trente ans.

Arrivée du terme.

La fixation d'un terme pour la durée de l'usufruit n'est jamais que la fixation d'un maximum de durée; la mort de l'usufruitier, quoique survenue avant l'expiration du temps pour lequel l'usufruit a été constitué, n'en anéantit pas moins l'usufruit.

Toutefois, l'usufruit constitué jusqu'à ce qu'un tiers ait atteint un âgé fixé dure jusqu'à cette époque, bien que le tiers soit mort avant l'âge fixé.

Consolidation.

C'est la réunion sur la même tête des deux qualités d'usufruitier et de propriétaire, toutes les fois que cette réunion s'opère sans que l'usufruit lui-même soit atteint dans ses conditions d'existence et de durée.

Tel serait, par exemple, le cas où le propriétaire transmettrait la nue propriété à l'usufruitier par voie de vente ou de donation, et réciproquement.

La consolidation n'est qu'une application particulière de ce qu'on nomme en droit la *confusion*, c'est-à-dire de la réunion sur la même tête de deux qualités incompatibles; aussi paralyse-t-elle le droit de l'usufruitier plutôt qu'elle ne l'éteint, et, si elle vient à cesser, par exemple par suite d'annulation de la vente de la nue-propriété ou de l'usufruit, le droit de l'usufruitier est réputé ne s'être jamais éteint.

Non-usage.

L'extinction de l'usufruit par le non-usage est une application de la théorie de la *prescription libératoire.*

On entend par prescription libératoire une cause d'extinction du droit de créance et de certains droits réels qui résulte de l'inaction pendant un certain temps déterminé (trente ans en général) de la personne à laquelle le droit appartient.

Cette cause d'extinction ne s'applique pas au droit de propriété.

Elle est fondée sur l'idée que la personne à laquelle un droit appartient et qui n'en use pas pendant un certain laps de temps est censée l'avoir abandonné.

Les Romains décidaient que le fait de ne pas user de la chose sujette à usufruit selon le mode indiqué par la nature de cette chose ou par le titre de l'usufruitier équivalait à un non-usage absolu.

Cette tradition n'est pas, en général, suivie.

Perte totale de la chose.

Il faut entendre par perte de la chose non seulement la perte physique, mais aussi un changement qui rend la chose impropre à l'usage auquel elle était destinée.

L'usufruit ne se conserve ni sur les débris de la chose, ni sur les accessoires; par exemple, il ne se conserverait pas sur les matériaux d'un bâtiment.

Il se conserve, au contraire, sur le reste d'une chose dont une partie seulement est détruite.

On agite la question de savoir si l'usufruit revit lorsque la chose, après être devenue impropre à l'usage auquel elle était destinée, est ensuite ramenée à son état primitif. La négative est généralement admise, par le motif, disent les auteurs, que l'usufruit est contraire à l'intérêt public (1).

Abus de jouissance.

C'est toujours d'après les circonstances que les tribunaux ont à aprécier les faits susceptibles de constituer l'abus de jouissance ; les dégradations et le manque d'entretien sont évidemment au nombre de ces faits.

(1) Ce motif va bien loin ; s'il était absolument exact, il ne resterait qu'à proscrire l'usufruit, et ce n'est pas à l'occasion d'un point particulier, mais en tête même de la théorie de l'usufruit que cette condamnation devrait être inscrite.

Nous nous bornons, quant à nous, à demander qu'on restreigne l'application de l'usufruit le plus possible.

On critique avec raison cette cause d'extinction, car elle est tout à fait injustifiable lorsque l'usufruit a été constitué à titre onéreux.

Assurément il est juste que, lorsque l'usufruitier abuse de son droit, il soit condamné à des dommages-intérêts envers le nu-propriétaire; il est juste même que la chose sur laquelle porte l'usufruit lui soit, au besoin, enlevée; mais il n'y a jamais de raison pour prononcer l'extinction absolue, et sans aucune indemnité, d'un usufruit constitué à titre onéreux; il n'y a jamais de raison pour que la prévarication de l'usufruitier permette au nu-propriétaire de faire un gain à ses dépens.

Et, quoique la réfutation ne puisse être présentée exactement dans les mêmes termes, lorsqu'il s'agit d'un usufruit constitué à titre gratuit, dans ce cas non plus, on ne comprend pas que la faute de l'un (l'usufruitier) engendre un profit pour l'autre (le nu-propriétaire).

Au surplus, les juges ont le droit d'adopter une sorte de moyen terme; en rendant la jouissance au nu-propriétaire, ils peuvent l'astreindre à payer à l'usufruitier ou à ses ayants cause une somme déterminée jusqu'à l'instant où l'usufruit aurait dû cesser. On admet aussi qu'ils ont également le droit d'ordonner les mesures conservatoires prescrites pour l'hypothèse où l'usufruitier ne parvient pas à fournir une caution (v. plus haut p. 33).

Enfin, les créanciers de l'usufruitier ont la faculté d'intervenir dans l'instance; mais, lors même qu'ils offrent d'indemniser le nu-propriétaire pour le passé et de le garantir pour l'avenir, les tribunaux n'en conservent pas moins le droit de prononcer l'extinction absolue de l'usufruit.

Il faut, d'ailleurs, se garder de voir, comme le font certains légistes, dans la cause d'extinction pour abus de jouissance, l'effet d'une condition résolutoire tacite opérant rétroactivement et faisant évanouir, par exemple, les hypothèques que l'usufruitier aurait consenties. C'est bien assez que l'abus de jouissance puisse être, au gré des tribunaux, une cause d'extinction de l'usufruit, et que, en outre, dans tant de situations, le Code ait placé la condition résolutoire comme une chausse-trappe sous les pieds du propriétaire.

Renonciation.

La renonciation de l'usufruitier, même lorsqu'elle constitue une libéralité au profit du nu-propriétaire, n'est assujettie à aucune forme; ce qu'il faut, mais ce qui suffit, c'est que, dans tous les cas, elle soit expresse, et la loi a jugé bon de déclarer que le consentement même donné par l'usufruitier à la vente de la chose grevée d'usufruit ne ferait pas présumer la renonciation.

L'usufruitier a la faculté de révoquer sa renonciation, tant que le nu-propriétaire n'a pas manifesté qu'il entend l'accepter.

Mais, même après que sa renonciation est devenue irrévocable pour l'usufruitier, elle reste révocable pour ses créanciers, lorsque ceux-ci ont à leur disposition la célèbre action dite Paulienne ou révocatoire.

Mais qu'est-ce que l'action Paulienne ou révocatoire ?

C'est une action, très considérable en théorie (nous verrons tout à l'heure qu'elle l'est un peu moins en pratique), qui permet, d'une manière générale, aux créanciers, de faire révoquer tous les actes accomplis par leur débiteur en fraude de leurs droits.

Rendons-nous compte de ce que cette formule renferme.

Les créanciers qui veulent attaquer l'acte fait par leur débiteur doivent fournir une double preuve ; ils doivent établir :

Que cet acte leur cause un préjudice ;

Qu'il a été fait en fraude de leurs droits.

Pour prouver le préjudice, il faut prouver le fait de l'insolvabilité du débiteur, car il est clair qu'une personne qui est solvable ne fait pas tort à ses créanciers en diminuant son patrimoine.

L'insolvabilité du débiteur se démontre en en discutant les biens, c'est-à-dire en les faisant vendre et en prouvant que le prix de la vente est insuffisant pour payer les dettes.

La fraude, c'est le fait que le débiteur connaissait son insolvabilité ou savait qu'il allait se rendre insolvable en faisant l'acte attaqué, et que, par conséquent, il a eu l'intention de faire tort à ses créanciers.

Nous ne sommes pas encore tout à fait au bout, du moins si la renonciation de l'usufruitier est à titre onéreux, car, dans ce cas, les créanciers auront encore à prouver la participation de l'acquéreur à la fraude de leur débiteur.

Comme on le voit, il est bon d'avoir la bourse garnie et certain temps à dépenser pour intenter la célèbre action Paulienne (1).

Accomplissement de la condition résolutoire.

Il faut supposer que l'usufruit a été établi sous une condition résolutoire ; évidemment, si cette condition se réalise, l'usufruit s'évanouira.

Ainsi, une personne lègue à un tiers l'usufruit d'un de ses biens à la condition que, si son héritier vient à se marier, cet usufruit prendra fin. L'héritier se marie ; la condition résolutoire se trouvant réalisée, l'usufruit s'éteint.

Résolution du droit du constituant.

Il est clair que le propriétaire ne peut transmettre que les droits qui lui appartiennent, que ses droits tels qu'ils existent ; aussi toute résolution du droit de propriété qui a une cause antérieure à la constitution de l'usufruitier anéantit-elle l'usufruit en même temps que la propriété.

Ainsi un acquéreur sous pacte de rachat (*clause de réméré*) a établi un usufruit sur la chose qu'il a achetée : si le réméré est exercé par le vendeur, la condition résolutoire se trouve réalisée, et, par conséquent, l'usufruit s'éteint.

(1) Comparer Les Contrats, p. 93 et 94.

Expropriation pour cause d'utilité publique.

En cas d'expropriation pour cause d'utilité publique, les droits sur la chose expropriée tombent. C'est le propriétaire qui est tenu de faire connaître à l'administration le droit d'usufruit et aussi ceux d'usage et d'habitation, sous peine, s'il ne le fait dans un délai déterminé, d'être chargé lui-même de l'indemnité. (V. L. 3 mai 1841, article 21.)

Prescription acquisitive.

Cette manière d'acquérir, qui ne s'applique qu'aux droits réels, résulte, pour les immeubles, de la possession continuée pendant un certain temps, dix, vingt ou trente ans, selon les cas.

Il faut supposer, par exemple, un acquéreur de bonne foi du fonds sujet à usufruit. Cet acquéreur possède le fonds comme libre d'usufruit; il *éteint* l'usufruit en même temps qu'il *l'acquiert*. Quant au délai nécessaire à sa possession, il n'est que de dix ans, si l'usufruitier habite dans le ressort de la Cour d'appel où est situé l'immeuble; dans le cas contraire, il est de vingt ans (1). Il sera de trente ans, si l'acquéreur n'a

(1) Et si, pendant que la prescription est en cours, l'usufruitier a habité tantôt dans le ressort, tantôt en dehors du ressort de la Cour d'appel, le délai varie entre dix et vingt ans, deux années de résidence en dehors du ressort de la Cour ne comptant que comme une année de résidence dans le ressort.

pas juste titre et bonne foi; mais, dans ce cas, la prescription acquisitive n'est point à classer parmi les modes d'acquisition de l'usufruit, car, cette prescription à part, l'usufruit ne s'en trouverait pas moins éteint par le non-usage.

Causes d'extinction du quasi-usufruit.

Il suffit de considérer chacune des différentes causes d'extinction de l'usufruit pour se rendre compte que, à raison de sa nature même, le quasi-usufruit exclut l'application de la plupart de ces causes d'extinction.

Le quasi-usufruit ne comporte que les modes d'extinction suivants :

La mort du quasi-usufruitier;

L'expiration du terme fixé pour la durée du quasi-usufruit;

La renonciation, à titre onéreux ou à titre gratuit, du quasi-usufruitier;

L'accomplissement de la condition résolutoire apposée à la constitution de son droit.

Ce n'est là encore que l'application à l'usufruit de la règle qui gouverne la prescription acquisitive des immeubles, quand il y a titre et bonne foi.

USAGE ET HABITATION

Ces deux droits sont de provenance romaine, et tous les deux, chez nous, ont perdu leur caractère propre.

Le droit d'usage est un usufruit restreint.

Quant à l'habitation, le culte de la tradition, même dans les mots, en a seul fait conserver le nom; l'habitation, dans notre droit, n'est autre chose que l'usage, en tant qu'il s'applique aux maisons.

Soit sous le nom d'usage, soit sous celui d'habitation, l'usage est d'une application rare, si ce n'est pour les bois et forêts.

Il s'établit et se perd, en général, de la même façon que l'usufruit.

Il soumet le bénéficiaire aux mêmes obligations que l'usufruitier touchant la caution, l'inventaire des meubles et l'état des immeubles.

Pareillement encore, l'usager doit, comme l'usufruitier, jouir en bon père de famille et faire notamment les réparations d'entretien; mais, s'il ne prend qu'une partie des fruits ou s'il n'occupe qu'une partie de la maison, il n'est obligé de contribuer que proportionnellement à ce dont il jouit.

L'étendue du droit d'usage se règle d'après le titre constitutif; à défaut du titre, d'après les besoins de l'usager et d'après ceux de sa famille. On entend généralement ici par famille l'agrégation dont l'usager est le chef.

Remarquons que le droit d'usage ne constitue pas un droit de pension alimentaire, et qu'il peut fort bien arriver que, le montant des réparations d'entretien déduit, il reste à l'usager moins qu'il ne faudrait pour subvenir à ses besoins et à ceux de sa famille.

L'usager a, en principe, le droit de jouir par luimême ; néanmoins, s'il n'a droit qu'à une faible portion des fruits, il doit se contenter de la recevoir des mains du propriétaire.

L'usage se mesurant sur les besoins personnels de l'usager, n'est susceptible ni d'être cédé, ni d'être loué.

Quant à l'usage des bois et forêts, il consiste, soit dans le droit de prendre du bois pour se chauffer ou pour construire ou encore pour confectionner des ustensiles d'agriculture, soit dans le droit de pâturage, de panage ou de glandée.

Il est réglé par le Code forestier.

CHAPITRE II

Servitudes réelles (1).

La servitude réelle peut être définie : le droit qui appartient au propriétaire d'un héritage contre un propriétaire d'un autre héritage et qui astreint ce dernier à souffrir ou à ne pas faire.

Ainsi, le propriétaire du fonds A, Pierre, a une servitude réelle de passage sur le fonds B qui appartient à Paul ; cela revient à dire que quiconque, comme Pierre, sera propriétaire du fonds A, aura contre quiconque, comme Paul, sera propriétaire du fonds B, le droit de forcer ce dernier à souffrir de sa part le passage sur le fonds B.

De même encore, supposons que le propriétaire du fonds A ait contre le propriétaire du fonds B la servitude réelle de ne pas bâtir sur le fonds B : tout propriétaire du fonds A aura le droit de contraindre tout

(1) Nous rappelons que le Code a rangé sous le nom de servitudes réelles une série de limitations de la propriété qui sont tout le contraire des servitudes, et que nous avons exposées ailleurs. (V. La Propriété, p. 45 et suivantes.)

On sait que, dans le Code, les servitudes réelles s'appellent aussi *services fonciers*.

propriétaire du fonds B à ne pas bâtir (ne pas faire) sur le fonds B (1).

On appelle le premier fonds *dominant*, le second fonds *servant*.

La servitude réelle doit être soigneusement distinguée à la fois de *l'obligation*, — au point de vue actif, le *droit personnel*, la *créance* (2), — et de la servitude *personnelle*.

Disons d'abord quelles différences la séparent de l'obligation.

L'obligation peut exister pour l'avantage d'une personne, la servitude réelle ne peut être établie que pour l'avantage d'un héritage.

Ainsi, je suis propriétaire d'un fonds voisin du vôtre, je stipule de vous que vous me laisserez tous les matins aller déjeuner sur votre fonds ; je puis, par cette stipulation, faire naître contre vous, à mon profit, une obligation; je ne puis acquérir une servitude réelle (3).

(1) Et c'est de là que les juristes concluent que la servitude réelle est une *qualité*, une qualité active du fonds auquel elle appartient, une qualité passive du fonds qui la subit.

Conception toute chimérique, qui fait d'un droit l'attribut d'une chose !

(2) Remarquons cependant qu'en ce qui est de l'avantage ou de l'intérêt *d'agrément*, il y a lieu d'examiner si les parties ont bien eu une intention sérieuse de contracter l'une avec l'autre, et si l'intérêt d'agrément peut se résoudre en un intérêt pécuniairement appréciable. (V. Les Contrats.)

(3) C'est ce que le Code exprime en disant que les servitudes réelles ne peuvent être *imposées en faveur de la personne*.

L'obligation appartient à une personne déterminée sans être toutefois inhérente à cette personne, c'est-à-dire tout en étant transmissible à ses héritiers ; la servitude réelle appartient à une personne indéterminée, — la personne quelconque qui est propriétaire du fonds dominant, — et n'est transmissible aux héritiers qu'en tant qu'ils héritent de ce fonds.

L'obligation n'est opposable qu'à une personne déterminée et à ses héritiers (droit personnel, droit de créance) ; la servitude réelle est opposable à tout propriétaire, à tout détenteur de l'héritage sur lequel elle est établie et les héritiers n'ont à la subir que s'ils sont propriétaires ou détenteurs dudit héritage.

L'obligation peut astreindre le débiteur même *à faire*, la servitude réelle ne peut astreindre le propriétaire de l'héritage sur lequel elle porte qu'*à souffrir* ou *à ne pas faire* (1).

Ainsi, propriétaire du fonds A, je stipule, à titre de servitude réelle, du propriétaire du fonds B, que celui-ci viendra, comme au bon vieux temps, battre l'eau de mes mares pour empêcher les grenouilles de coasser ; cette stipulation engendre une obligation, mais non une servitude réelle.

(1) C'est ce qu'entend indiquer le Code en déclarant que les servitudes réelles ne peuvent être *imposées à la personne*.

Toutefois, lorsque le fait actif n'est qu'accessoire, la solution change. Ainsi, supposons qu'une servitude de passage soit stipulée ; il peut être imposé, à titre de servitude réelle, au propriétaire du fonds servant, de faire les ouvrages nécessaires à l'exercice du passage, car ce n'est là qu'une nécessité accessoire.

Dans l'obligation, le débiteur a toujours la faculté de se libérer par le payement, dès que l'obligation est échue; le propriétaire de l'héritage sur lequel porte la servitude réelle n'a pas la faculté de se libérer de cette charge en en payant la valeur représentative en argent.

Dans le cas de l'obligation, on ne peut se libérer, même en abandonnant tous ses biens; dans le cas de la servitude réelle, le propriétaire du fonds peut se libérer en abandonnant ce fonds.

Voyons maintenant les différences existant entre la servitude réelle et la servitude personnelle.

Comme l'obligation, et à la différence de la servitude réelle, la servitude personnelle, nous le savons, peut être établie pour l'avantage d'une personne.

Ainsi, étant repris l'exemple de la stipulation par laquelle je veux m'assurer le droit d'aller déjeuner tous les matins sur votre fonds, je puis, de cette stipulation, faire naître à mon profit une servitude personnelle, au lieu d'une obligation, si c'est une servitude personnelle que vous et moi nous avons eue en vue; ce qui ne pourrait jamais naître, dans ce cas ni dans tous les cas semblables, c'est la servitude réelle.

La servitude personnelle n'appartient qu'au stipulant personnellement et s'éteint avec lui; la servitude réelle, au contraire, appartient, comme déjà il a été dit, à tout propriétaire du fonds dominant.

La servitude personnelle peut être établie aussi bien sur les meubles que sur les immeubles; la servitude réelle ne peut être établie que sur les immeubles.

La servitude réelle, étant inhérente à la personne, est essentiellement temporaire; la servitude réelle est perpétuelle, et c'est même le seul démembrement de la propriété qui puisse, chez nous, revêtir ce caractère.

Par ce simple exposé, il est facile de voir à quel point les servitudes réelles embarrassent l'usage de la propriété (1).

Le Code proclame, au surplus, le droit pour les propriétaires de créer telles servitudes que bon leur semble, sous les seules restrictions résultant des explications précédentes et pourvu que ces servitudes n'aient rien de contraire à l'ordre public.

Mais qu'est-ce que l'ordre public? Hélas! la notion de l'ordre public est à la fois le *postulatum* et le *desideratum* de toute la science du droit (2)!

Voyons maintenant quelles sont les divisions des servitudes réelles.

La loi en présente trois ; les servitudes réelles sont :

1° Urbaines ou rurales ;

2° Continues ou discontinues ;

3° Apparentes ou non apparentes.

1° On appelle servitudes *urbaines* celles qui sont établies pour l'usage d'un bâtiment; *rurales*, celles qui sont établies pour l'usage d'un fonds de terre.

Cette distinction fort importante dans le droit romain,

(1) Ce qui est surtout grave dans la servitude réelle, c'est, répétons-le, que ce démembrement de la propriété s'impose *à perpétuité* à la volonté de tous les propriétaires successifs du fonds servant, et diminue *à perpétuité* le nombre des choses sur lesquelles le droit plein de propriété pourra désormais s'exercer.

(2) L'ordre public, ce serait *l'harmonie de tous les droits, de tous les intérêts, en un mot, de toutes les libertés.*

où on l'entendait d'ailleurs autrement, est dépourvue de tout intérêt chez nous.

2° On nomme servitudes *continues* celles dont l'usage est ou peut être continuel, sans avoir besoin du fait actuel de l'homme ; telles sont les servitudes de jours et de vues, de conduite d'eau, etc.

3° On appelle servitudes *discontinues* celles qui ont besoin du fait actuel de l'homme pour être exercées ; ainsi, les servitudes de passage, de puisage, de pacage, etc.

Remarquons qu'une servitude peut être continue, bien que le fait de l'homme soit nécessaire pour mettre la servitude en état de s'exercer ; par exemple, la servitude d'aqueduc suppose le fait d'établissement de l'aqueduc.

Remarquons encore que l'intermittence dans l'exercice de la servitude n'en détruit pas non plus la continuité ; ainsi, la servitude d'égout des eaux pluviales est continue, bien qu'elle ne s'exerce que lorsqu'il pleut.

On regarde même comme continue la servitude dont l'intermittence ne dérive que de la nature des choses, et où le fait de l'homme est périodiquement nécessaire pour qu'elle reprenne son exercice. Tel est le cas de la prise d'eau qui ne devrait s'exercer que le jour, et dans lequel le propriétaire du fonds servant serait obligé de lever chaque matin la vanne. L'obstacle une fois levé, la servitude s'exerce, en effet, sans le fait actuel de l'homme.

La servitude d'égout des eaux ménagères et industrielles a donné lieu à des difficultés ; on la regarde, en général, comme *discontinue*.

On qualifie enfin de servitudes *apparentes* celles qui s'annoncent par un signe extérieur de nature à en révéler l'existence au propriétaire du fonds servant; telle est la servitude de passage, indiquée par une porte; — de *non apparentes*, celles qui ne présentent pas de signe extérieur, par exemple, la servitude de ne pas bâtir.

Une servitude peut être à la fois :

Continue et *apparente :* par exemple, la servitude de vue s'exerçant au moyen d'une fenêtre;

Continue sans être *apparente :* telle est la servitude de ne pas bâtir;

Apparente et *discontinue :* ainsi la servitude de passage se manifestant par l'existence d'une porte;

Discontinue et *non apparente*, comme la servitude de passage lorsqu'elle ne se manifeste par aucun signe extérieur.

Les deux divisions des servitudes réelles en continues et discontinues, apparentes et non apparentes, dominent la théorie des modes d'acquisition et des modes d'extinction de ces servitudes.

Nous exposerons:

1° Les modes d'acquisition des servitudes réelles;

2° Les droits du propriétaire dominant;

3° Les modes d'extinction des servitudes réelles.

Modes d'acquisition des servitudes réelles.

Les servitudes réelles s'établissent toujours *par le fait de l'homme* (1), il faut entendre par sa volonté;

(1) C'est là l'expression dont se sert le Code.

mais, tantôt cette volonté est formellement déclarée, tantôt, au contraire, elle n'est que présumée.

Les trois formes ou modes que cette volonté peut affecter, et qu'on appelle des causes d'acquisition, sont:

1° Le titre ;

2° La prescription ;

3° La destination du père de famille.

Ces causes ont plus ou moins de valeur, selon qu'elles renferment une attestation plus ou moins certaine de la volonté ; le titre prime les deux autres.

Titre.

Le titre, vente, échange, donation, testament, peut servir à acquérir toutes les servitudes ; mais tout contrat, constitutif d'une servitude, n'est opposable aux tiers que s'il a été *transcrit* (1).

Pour qu'une personne ait le droit de constituer une servitude réelle, il faut, en principe, qu'elle soit propriétaire et capable d'aliéner ; on admet cependant que l'usufruitier peut valablement concéder un droit de servitude pour la durée de l'usufruit.

A plus forte raison faut-il reconnaître ce droit à l'emphytéote.

L'existence du titre peut être prouvée, à défaut de

(1) La transcription se pratique sur un registre qui est tenu par le conservateur des hypothèques et qui est à la disposition du public.

Il y a à remarquer que le mot *titre*, qui signifie ici *la cause génératrice du droit*, désigne souvent, dans l'usage, *l'écrit* qui constate cette cause.

l'acte constitutif ou primordial, par un acte dit *récognitif*, c'est-à-dire qui reconnaisse l'existence de la servitude et qui émane du propriétaire du fonds servant.

A défaut d'acte constitutif et d'acte récognitif, le titre, cause de la servitude, peut être établi par tous les moyens de preuve du droit commun, par la preuve testimoniale notamment, ainsi que par l'aveu et par le serment.

Prescription.

Les servitudes continues et apparentes, à l'exclusion des autres, s'acquièrent en second lieu par la prescription de trente ans du droit commun (possession de trente ans, dit le Code).

Ainsi une personne n'a pas de titre, mais elle a exercé pendant trente ans, par exemple, une servitude de vue s'annonçant par une fenêtre : cette personne, au bout des trente ans, aura acquis par prescription la servitude de vue.

Que s'il s'agit de servitudes n'ayant pas le double caractère de la *continuité* et de l'*apparence*, la possession même immémoriale ne suffit pas pour les établir.

Il y a pourtant à remarquer le cas où, mieux que le droit de servitude, ce serait le droit de propriété lui-même qui se trouverait prescrit après trente ans, car alors il n'importerait pas que la servitude n'eût pu être prescrite, comme n'étant pas à la fois *continue* et *apparente;* la prescription de la propriété ne s'en serait pas moins accomplie.

Voici qu'en effet, pendant trente ans, un propriétaire a passé, sans en avoir le droit, sur le fonds de son voisin, et s'est comporté en propriétaire, quant au chemin sur lequel il passait. Le voisin a laissé faire. Sans doute, la servitude de passage, qui est de sa nature discontinue, n'a pu, quelque temps qu'il se soit écoulé, être l'objet d'une acquisition par prescription, mais ce que la personne qui a exercé le passage peut avoir prescrit, c'est le terrain même sur lequel elle a passé pendant trente ans.

Ce regrettable résultat s'est souvent produit dans nos campagnes.

Du reste, bien que le Code ait voulu que les servitudes soient à la fois *continues* et *apparentes*, pour se prêter dorénavant à l'acquisition par prescription, cela ne l'a point empêché de maintenir en termes formels les servitudes quelconques déjà acquises par la possession à l'époque de sa promulgation.

Quels sont maintenant les caractères que doit réunir la possession pour faire acquérir par prescription les servitudes continues et apparentes? Les mêmes que pour l'acquisition de la propriété par prescription.

Il faut, en conséquence, que la possession soit :

Continue, c'est-à-dire semblable à celle qu'exerce normalement la personne à laquelle le droit appartient;

Non interrompue, c'est-à-dire qu'elle n'ait subi ni ce que le droit nomme une interruption *naturelle*, ni ce qu'il nomme une interruption *civile* (1);

Paisible ;

(1) Voir, dans notre Bibliothèque, La Prescription.

Publique, c'est-à-dire de nature à être connue du propriétaire du fonds qui deviendra le fonds servant;

Appuyée sur l'intention de posséder en maître le droit qu'on exerce;

Il faut enfin, comme on l'ajoute assez inutilement, qu'elle réunisse d'une façon certaine tous les caractères qui viennent d'être spécifiés.

Mais, outre l'acquisition par la prescription de trente ans, le Code admet, pour la propriété, l'acquisition par une prescription plus courte, par la prescription de dix à vingt ans, lorsque le possesseur a juste titre et bonne foi (1).

Cette prescription de dix à vingt ans avec juste titre et bonne foi ne s'applique-t-elle pas, à son tour, aux servitudes *continues* et *apparentes?*

Le point est vivement débattu; la solution affirmative ne fait pas doute, à nos yeux, car elle est en harmonie avec la théorie générale de la prescription telle que le Code l'a conçue, et, d'ailleurs, la prescription de trente ans sans titre et sans bonne foi s'appliquant aux servitudes *continues* et *apparentes*, on n'aperçoit aucune raison pour ne pas appliquer à ces mêmes servitudes la prescription de dix à vingt ans, avec juste titre et bonne foi.

(1) Le juste titre, c'est, rappelons-le, la cause légale d'acquisition, telle que, si elle eût procédé de celui qui avait le droit de la créer, elle eût transféré au possesseur le droit réel qu'il voulait acquérir; ainsi la vente, le testament.

La bonne foi, c'est la conviction qu'a le possesseur que le droit réel qu'il a voulu acquérir appartenait à son auteur.

Destination du père de famille.

On entend par destination du père de famille un certain arrangement qu'un même propriétaire établit ou laisse subsister entre deux fonds, et qui serait de nature à constituer une servitude de l'un à l'autre de ces fonds, s'ils appartenaient à deux propriétaires différents.

Ainsi, je suis propriétaire des deux fonds A et B; je crée au profit du fonds A une vue qui s'exerce sur le fonds B au moyen d'une fenêtre; il y a, de ma part, destination du père de famille.

Si, maintenant, j'aliène le fonds B en conservant le fonds A, — ou encore, si j'aliène les fonds A et B, au profit de deux acquéreurs différents, la destination du père de famille va agir comme cause d'acquisition de la servitude de vue à l'avantage du fonds A.

La destination du père de famille astreint celui qui l'invoque à prouver:

Que les deux fonds, actuellement divisés, ont appartenu au même propriétaire;

Que c'est par lui que les choses ont été mises ou laissées dans l'état duquel résulte la servitude.

Ces deux faits peuvent être prouvés même par témoins.

La destination du père de famille, d'après une disposition formelle du Code, s'applique aux servitudes continues et apparentes; mais, tout à côté de cette première disposition, il s'en trouve une autre qui, pour l'application de cette même cause d'acquisition, semble bien se contenter que la servitude soit simplement apparente. Comment sortir de cette difficulté ?

Bien des solutions ont été proposées.

L'opinion qui semble aujourd'hui prévaloir admet que la destination du père de famille a une force plus ou moins grande selon que les servitudes sont à la fois continues et apparentes, ou simplement apparentes; dans le premier cas, la personne qui invoque la servitude n'a besoin de prouver que la destination du père de famille; dans le second cas, il faut, en outre, qu'elle représente l'acte par suite duquel la séparation s'est opérée, afin qu'on voie s'il ne contient rien de contraire à l'existence de la servitude.

Voici, au surplus, tout au long, les deux hypothèses :

J'ai créé ou maintenu entre mes deux fonds un arrangement propre à constituer une servitude soit de vue, soit de passage, — nous supposerons que le passage se manifeste par un signe apparent, par une porte, — si, au lieu de m'appartenir tous les deux, les fonds appartenaient à deux personnes différentes. J'aliène, dans la suite, un de ces fonds; va-t-on décider, pour le passage comme pour la vue, qu'il y a alors établissement de la servitude par destination du père de famille?

La solution affirmative est écrite de la façon la plus claire dans le Code pour la servitude de vue qui est à la fois continue et apparente.

Pour la servitude de passage, qui est discontinue, le point est tout autre.

Cependant, comme, dans l'espèce supposée, il existe entre les deux fonds une porte qui rend manifeste la relation que le père de famille a créée ou maintenue entre ces deux fonds, le Code, tout en n'attachant plus à la destination du père de famille la même force de présomption d'établissement d'une servitude, admet cependant encore cette présomption, mais à une condition : il exige que, si c'est, par exemple, une vente qui a amené la séparation des deux fonds, l'acte constatant cette vente soit représenté, afin qu'on puisse voir s'il ne s'y trouve aucune clause contraire à l'existence de la servitude de passage. Il suffira donc que le titre soit muet pour que la servitude en question, qui est discontinue, mais apparente, soit réputée créée ou maintenue par la destination du père de famille.

Droits du propriétaire du fonds dominant.

C'est évidemment au titre constitutif d'abord qu'il faut recourir pour déterminer ces droits. Mais le titre constitutif peut ne pas exister, ou même, s'il existe, il se peut qu'il ne s'explique pas sur l'étendue et sur le mode d'exercice de la servitude ; voici, pour y suppléer, les règles à suivre en général :

1° *L'établissement d'une servitude implique la concession de tout ce qui est nécessaire pour en user.*

2° *Le propriétaire du fonds dominant a le droit de faire, même sur le fonds servant, tous les ouvrages nécessaires pour l'exercice et la conservation de la servitude; ces ouvrages sont faits à ses frais, à moins que le propriétaire du fonds servant ne soit chargé par le titre de les faire.*

3° *Lorsque le propriétaire du fonds s'est chargé de faire les ouvrages dont il vient d'être question, cette charge prend le caractère d'une servitude réelle; aussi le propriétaire du fonds assujetti peut-il s'en libérer en abandonnant ce fonds.*

Mais que faut-il entendre par l'abandon du fonds assujetti ?

La question ne se pose que pour le cas où l'on peut douter si c'est la totalité du fonds ou seulement une partie du fonds qui est grevée de la servitude.

Notre avis est qu'une fois que le lieu où la servitude doit être exercée a été fixé, il suffit d'abandonner la partie du fonds sur laquelle s'exerce la servitude.

4° *Le partage du fonds dominant entre plusieurs copropriétaires ne peut augmenter la charge de la servitude, qui doit demeurer exactement ce qu'elle était avant le partage.*

Lorsque la servitude est continue, l'application de cette règle ne présente aucun embarras ; il n'en est pas tout à fait de même au cas où la servitude est discontinue.

Si l'on suppose, par exemple, une servitude de passage, il est clair que la multiplication des propriétaires, par l'effet de la division du fonds dominant, est de nature à augmenter les allants et venants, et semble bien aggraver la condition du fonds servant.

Mais si, d'une part, il est incontestable que tous les copropriétaires, quel qu'en soit le nombre, ont le droit d'exercer la servitude, du moins ne peuvent-ils prétendre à l'exercer que par le même endroit, aux mêmes heures et pour le même objet qui ont été originairement déterminés ; et, d'autre part, l'on dit que, la servitude ayant été constituée, non point pour l'utilité du propriétaire actuel du fonds dominant, mais pour le fonds lui-même et pour tous les propriétaires ultérieurs de ce fonds, par conséquent sans limitation des personnes qui pourraient être appelées à l'exercer, ce n'est pas l'aggraver que de la faire exercer par plusieurs, dans la mesure des besoins du fonds dominant.

Cette solution doit être appliquée aux différents acheteurs du fonds dominant comme aux héritiers du propriétaire de ce fonds, en tant que propriétaires dudit fonds.

Lorsque la servitude, au lieu de porter sur un fait indivisible comme le passage, a pour objet un fait divisible, par exemple, le droit d'extraire du sable du fonds servant, il faut distinguer si la quantité des substances qui pourront être extraites a été ou non déterminée.

Si cette quantité a été déterminée, les copropriétaires ne peuvent, à eux tous, réclamer une quantité plus considérable.

Si elle n'a pas été déterminée, la quantité que peuvent réclamer les copropriétaires se mesure en principe sur les besoins de l'exploitation du fonds dominant.

5° Par analogie avec la règle précédente, lorsque c'est le fonds servant qui vient à être partagé, le partage de ce fonds ne peut diminuer les droits du propriétaire du fonds dominant.

Supposons qu'il s'agisse d'une servitude ne s'exerçant que sur une partie du fonds, par exemple d'un droit de passage, et que cette partie se trouve dans un un seul des lots, ce lot est exclusivement grevé de la servitude.

Mais ne faut-il pas admettre que les autres parties du fonds restent tenues conditionnellement pour le cas où la partie sur laquelle le chemin est actuellement établi serait plus tard détruite ou rendue impraticable ?

Certains auteurs professent cette opinion et allèguent à l'appui que le fonds tout entier étant grevé de la servitude, la division qui a été faite de ce fonds n'a pu altérer le droit du propriétaire du fonds dominant.

Ce raisonnement serait à l'abri de toute critique, si les servitudes ne constituaient pas une dérogation à la propriété et à la liberté, et si les dérogations d'une pareille sorte ne devaient pas toujours être interprétées dans le sens le plus restrictif.

6° *Le propriétaire du fonds servant ne peut rien faire qui tende à diminuer l'usage de la servitude ou à le rendre plus incommode. Ainsi, il ne peut ni changer l'état des lieux, ni transporter l'exercice de la servitude dans un endroit différnet de celui où elle a été primitivement assignée.*

Toutefois, il y a un tempérament à apporter à cette règle, pour le cas où l'assignation primitive donnée à l'exercice de la servitude devient plus onéreuse au propriétaire du fonds assujetti ou bien l'empêche d'y faire des réparations avantageuses ; le propriétaire du fonds servant est, en effet, admis, en pareilles circonstances, à offrir au propriétaire de l'autre fonds un endroit aussi commode pour l'exercice de la servitude, et celui-ci ne peut refuser.

Quant à la réciproque, elle doit être repoussée : le propriétaire du fonds dominant ne saurait être autorisé à exercer la servitude par un endroit qui lui serait plus commode, alors même qu'il n'en résulterait aucun préjudice pour le propriétaire du fonds servant.

Et le motif est que les servitudes sont éminemment de droit étroit.

7° *Le propriétaire du fonds dominant ne peut user de la*

servitude que suivant son titre, sans pouvoir faire, ni dans le fonds servant, ni dans le fonds dominant, de changement qui aggrave la condition du premier.

8° Dans tous les cas où la servitude serait fondée sur la prescription, il faudrait rigoureusement appliquer la règle par laquelle « l'étendue de ce qui est acquis par la prescription se mesure à l'étendue de ce qui a été possédé en vue de prescrire ».

Par exemple, un propriétaire a possédé pendant trente ans, à la distance prohibée, deux jours de telle hauteur et de telle largeur ; ce propriétaire ne pourra augmenter ni le nombre, ni la hauteur, ni la largeur de ses jours.

9° A l'égard des servitudes constituées par la destination du père de famille, ce qu'il faut consulter pour en déterminer l'étendue, c'est l'ancien état de choses qui a donné lieu à la naissance de la servitude.

10° Lorsqu'il se présente, en matière de servitudes, des difficultés que la loi n'a pas prévues et réglées, les tribunaux doivent :

En premier lieu, se proposer de concilier autant que possible l'avantage du fonds dominant avec la commodité du fonds servant.

Ainsi, le propriétaire qui a un droit de passage et dont le titre n'indique pas la partie du fonds sur laquelle il aura le droit de passer, n'a pas la faculté de choisir le passage où bon lui semble, et, à l'inverse, le propriétaire qui doit le subir n'a pas non plus la faculté de fixer à son gré le lieu sur lequel le passage devra être établi ; c'est aux tribunaux d'en décider d'après l'équité.

En second lieu, il faut toujours en revenir à cette idée que, les servitudes étant contraires à la liberté générale des héritages, c'est en faveur du propriétaire assujetti que, dans le doute, les tribunaux doivent se prononcer.

Modes d'extinction des servitudes réelles.

Les modes d'extinction des servitudes réelles sont :

1° Le changement des lieux ;

2° La confusion ;

3° Le non-usage ;

4° L'échéance du terme marqué pour la durée de la servitude ;

5° L'accomplissement de la condition sous laquelle la servitude a été établie ;

6° La remise ou renonciation ;

7° La résolution du droit du constituant ;

8° L'expropriation pour cause d'utilité publique (L. 3 mai 1841, art. 21) ;

9° La prescription acquisitive de dix à vingt ans.

Examinons chacun de ces modes d'extinction.

Changement des lieux.

Il faut supposer que le fonds servant se trouve hors d'état de fournir au fonds dominant l'utilité que lui procurait la servitude ou que le fonds dominant se trouve hors d'état d'en profiter ; il est bien clair qu'aussi longtemps que la cause persiste, le fait domine le droit, l'exercice de la servitude est paralysé. Mais il suffit que les choses soient rétablies de manière que l'exercice de la servitude redevienne possible, pour que la servitude reparaisse.

Toutefois, s'il s'est écoulé un délai de trente ans depuis l'époque où le changement des lieux n'a plus permis l'exercice de la servitude, la servitude est éteinte par le non-usage. (V. plus bas, p. 77.)

Ainsi, la source où le voisin avait le droit de puiser de l'eau vient-elle à tarir, l'exercice de la servitude, rendu impossible par le changement des lieux, reste suspendu tant que le nouvel état subsiste. Mais si la source qui était tarie reparaît, la servitude continue d'exister, pourvu, cependant, que l'eau ait reparu dans la source avant l'expiration du laps de trente ans.

Confusion.

La confusion est une cause d'extinction ou, plus exactement, de paralysie des droits, suivant ce que nous avons déjà eu lieu de faire observer, qui appartient au droit commun.

Les servitudes réelles s'éteignent par la confusion, lorsque la qualité de propriétaire du fonds dominant et celle de propriétaire du fonds servant se trouvent réunies sur la même tête, quelle que soit, d'ailleurs, la cause qui ait produit cette réunion.

Mais si la confusion vient à cesser, la servitude ne revivra-t-elle pas ?

Il faut, pour répondre, user d'une distinction :

Si l'acquisition qui avait produit la confusion vient à être annulée, révoquée ou résolue par suite d'un vice ou d'une condition qui l'affectait dès l'origine, l'acquisition et la confusion, qui en avait été la conséquence, étant réputées n'avoir jamais eu lieu, la servitude, de son côté, est réputée n'avoir jamais cessé d'exister.

Ainsi, supposons que le fonds servant appartînt à un mineur, et que le mineur ait vendu par lui-même ce fonds au propriétaire du fonds dominant : le jugement qui annulera cette vente aura en même temps pour effet de faire considérer la servitude comme ayant toujours continué d'exister.

Si, au contraire, la confusion cesse pour une cause postérieure à l'acquisition qui l'avait produite, la servitude demeure éteinte.

C'est le cas, par exemple, où le propriétaire du fonds dominant, après avoir acquis le fonds servant, vendrait ou donnerait ce même fonds, soit à l'ancien propriétaire, soit à une autre personne.

Souvenons-nous, néanmoins, que, dans le cas où la servitude serait *continue* et *apparente*, elle pourrait revivre par la *destination du père de famille.*

Bien plus, elle pourrait même revivre ainsi, quoique étant simplement *apparente*, si le titre de l'aliénation qui a fait cesser la confusion était représenté, et si ce titre ne contenait rien de contraire au rétablissement de la servitude. (V. plus haut, p. 69-70.)

Non-usage.

La loi se montre plus favorable à l'extinction qu'à l'acquisition des servitudes réelles. C'est ainsi que la prescription acquisitive ne concerne que les servitudes *continues* et *apparentes*, tandis que la prescription libératoire s'applique à toutes les servitudes.

Remarquons, même, que la prescription libératoire des servitudes continues ne s'accomplit pas aussi aisément que celle des servitudes discontinues et qu'elle n'est possible que tout autant que le propriétaire du fonds servant a fait un acte contraire à l'existence de la servitude ; c'est cet acte qui marque le point de départ de la prescription.

Ainsi, dans l'hypothèse d'une servitude de vue, il ne suffirait pas que le propriétaire du fonds dominant tînt ses fenêtres fermées pour que l'existence de la servitude fût interrompue, et, les fenêtres demeurassent-elles closes pendant trente ans, la prescription libératoire ne s'accomplirait pas au profit du propriétaire du fonds servant. Mais si le propriétaire du fonds servant élevait un mur qui masquât les fenêtres, alors le délai de la prescription libératoire — du non-usage de trente ans — commencerait immédiatement à courir.

Jusqu'ici, nous avons affirmé l'identité du non-usage et de la prescription libératoire; toutefois, nous devons dire que l'on conteste cette identité. Notre principale raison, pour l'admettre, est fondée sur les textes.

Deux conséquences résultent de notre solution :

La première, qu'il faut reconnaître comme bien peu équitable pour le propriétaire du fonds dominant, conduit à assimiler le non-usage forcé au non-usage volontaire et à décider que le non-usage forcé durant trente ans éteint la servitude tout aussi bien que le non-usage volontaire.

Ainsi, pour en revenir à l'exemple de la source tarie, si cette source est demeurée tarie durant trente ans, voilà un propriétaire, celui du fonds dominant, qui, durant trente ans, n'a pas exercé son droit, par l'unique raison qu'il ne pouvait pas l'exercer; l'eau reparaît après trente ans : notre propriétaire, comme nous l'avons annoncé, n'y a plus droit.

Bien évidemment, c'est, au fond, l'idée que les servitudes réelles tiennent en échec la liberté des héritages qui inspire une telle décision.

Toutefois, un correctif est à indiquer : le propriétaire du fonds dominant peut, en effet, empêcher la prescription de s'accomplir en pratiquant ce qu'on nomme une *interruption civile*, c'est-à-dire en faisant reconnaître son droit, dans l'intervalle des trente ans, par le propriétaire du fonds servant, ou, si le propriétaire du fonds servant se refuse à la reconnaissance en question, en citant en justice ce propriétaire.

Passons à la seconde conséquence qui découle de ce que le non-usage de trente ans est, selon nous, un cas de véritable prescription libératoire.

Cette nouvelle conséquence, c'est que le laps de trente ans pourra se trouver prolongé par les interruptions et les suspensions admises en matière de prescription. Tout à l'heure nous indiquions une double manière de pratiquer une interruption civile; quant à la suspension, elle se produirait, par exemple, si le propriétaire du fonds servant était un mineur ou un interdit.

Il faut, d'ailleurs, se bien garder de confondre la suspension avec l'interruption, car il existe entre elles de très notables différences.

C'est ainsi que, d'une part, dans l'interruption, tout le temps antérieurement couru pour la prescription ne compte plus, tandis que, dans la suspension, après que la cause qui produisait la suspension a cessé d'exister, on ajoute le temps antérieurement couru au nouveau délai qui commence à courir.

D'autre part, en cas d'interruption, la prescription recommence immédiatement à courir, tandis qu'en cas de suspension, il y a toujours un certain temps durant lequel la prescription ne court pas, à savoir le temps de la durée de la cause qui produit la suspension.

Remarquons qu'il n'est pas nécessaire pour la conservation de la servitude que celui auquel elle est due l'exerce en personne ; il peut l'exercer par un locataire, par un usufruitier, par un mandataire quelconque.

Par application de cette idée, le Code décide que, dans le cas où le fonds dominant est *indivis*, c'est-à-dire commun entre plusieurs personnes, il suffit, pour la conservation de la servitude, qu'elle soit exercée par un seul des copropriétaires, car la servitude, dit-on, est indivisible, et par conséquent celui qui l'exerce, ne pouvant pas l'exercer pour lui seul, l'exerce nécessairement en même temps pour les autres.

Mais on va plus loin, et, s'agit-il même d'une servitude dont l'émolument est divisible, on décide que celui des copropriétaires qui n'aurait usé de la servitude que pour une part proportionnelle à son droit de copropriété serait obligé de communiquer aux autres la part qu'il aurait conservée.

Par exemple, un fonds appartient par *indivis* à trois copropriétaires, et les propriétaires de ce fonds ont le droit de prendre au puits du voisin trois hectolitres d'eau par mois.

Pendant trente ans, un seul des copropriétaires a usé de la servitude, mais il n'a réclamé qu'un hectolitre.

La servitude n'existe plus que pour cet hectolitre.

Cependant, comme elle est indivisible, elle appartient toujours aux trois copropriétaires, et l'émolument devra continuer à se partager entre les trois.

Enfin l'idée d'invisibilité des servitudes réelles a fait admettre que si, parmi les copropriétaires du fonds dominant, il s'en trouve un contre lequel la prescription ne peut pas courir, comme un mineur ou un interdit, il aura, en conservant son droit, conservé le droit de tous.

Nous venons de voir comment une servitude peut être éteinte par la prescription libératoire, mais ce n'est pas seulement la servitude elle-même qui est susceptible de tomber sous l'application de la prescription, c'est aussi son mode d'exercice, et, appliquée au *mode* d'exercice, à la manière d'user de la servitude, la prescription, qui peut être libératoire ou extinctive pour le mode d'exercice des servitudes de toutes sortes, c'est-à-dire, en d'autres termes, qui peut *diminuer* ou *éteindre* toutes les servitudes, quelles qu'elles soient, peut, en outre, être acquisitive pour les servitudes continues et apparentes, c'est-à-dire, en d'autres termes, qu'elle peut *augmenter* les servitudes continues et apparentes.

Ce point présentant un très grand intérêt pratique, nous l'expliquerons par une série d'exemples :

Premier exemple. — Le propriétaire du fonds A a obtenu, à titre de servitude réelle, du propriétaire du fonds B le droit de construire sur le fonds B un aqueduc pour conduire sur le fonds A l'eau provenant d'une source qui se trouve dans le fonds B; le propriétaire du fonds A ne construit pas l'aqueduc; mais, durant trente ans, il a puisé de l'eau à la source située dans le fonds B : la servitude d'*aqueduc* est éteinte par l'effet du non-usage, car ce mode d'extinction est applicable aux servitudes de toutes sortes; quant à la servitude de *puisage*, c'est en vain que le propriétaire du fonds A l'a exercée au lieu de la servitude d'*aqueduc ;* la qualité de discontinue de la servitude de *puisage* empêche qu'elle n'ait été acquise.

Deuxième exemple. — Le propriétaire du fonds A a obtenu, à titre de servitude réelle, du propriétaire du fonds B, le droit de passage sur telle partie déterminée du fonds B; le propriétaire du fonds A a passé pendant trente ans sur une autre partie du fonds B que la partie convenue ; il a perdu le droit de passage sur cette partie et ne l'a point acquis sur l'autre.

Troisième exemple. — Le propriétaire du fonds A a obtenu, à titre de servitude réelle, du propriétaire du fonds B, le droit d'avoir, à la distance prohibée, deux fenêtres sur le fonds B; il n'en a ouvert qu'une; après trente ans, il n'a plus droit qu'à cette seule fenêtre.

Quatrième exemple. — Le propriétaire du fonds A a obtenu, à titre de servitude réelle, le droit de passer à pied sur le fonds B; pendant trente ans, il y passe en voiture ; il n'a pas perdu le droit de passer à pied, car le fait de passer en voiture est plus large que celui de passer à pied et par conséquent le contient; mais il n'a pas acquis le droit de passer en voiture, car ce droit constitue une servitude *discontinue.*

Cinquième exemple. — Le propriétaire du fonds A a

obtenu, à titre de servitude réelle, du propriétaire du fonds B, le droit d'ouvrir une fenêtre sur ce fonds; il en ouvre deux ; si elles subsistent durant trente ans, le propriétaire du fonds A a acquis le droit de les avoir, car la servitude de vue est à la fois *continue* et *apparente*.

Sixième exemple. — Supposons que le propriétaire du fonds dominant n'ait usé pendant trente ans que de la servitude *accessoire*, par exemple, qu'ayant un droit de puisage à la source du voisin et accessoirement un droit de passage sur le fonds servant pour aller y exercer son droit de puisage, il ait usé du passage, mais sans exercer son droit de puisage ; les deux servitudes sont perdues, la servitude principale de puisage par l'effet du non-usage, et la servitude accessoire de passage en vertu de la règle qui veut que l'accessoire ne survive pas au principal.

Échéance du terme marqué pour la durée de la servitude.

Bien qu'on enseigne que la servitude réelle est une qualité de deux fonds, on ne pousse pas la logique jusqu'au bout, et on admet que le propriétaire du fonds dominant et celui du fonds servant peuvent convenir que la servitude n'existera que jusqu'à telle époque (1).

(1) De là à sous-entendre légalement le droit de rachat pour toute servitude réelle, il n'y a certes pas un abîme.

Accomplissement de la condition sous laquelle la servitude a été constituée.

Nous n'avons qu'à répéter la remarque que nous venons de faire au sujet de l'échéance du terme, à savoir qu'étant admis que la servitude réelle est une qualité de deux fonds, la pure logique excluerait aussi bien, comme mode d'extinction des servitudes réelles, la condition résolutoire que le terme; mais, dans ce cas encore, le droit a subordonné les exigences d'une vaine métaphysique à la volonté de l'individu; on peut donc convenir que telle servitude prendra fin, si tel événement *futur* et *incertain* arrive.

Remise ou renonciation.

La remise peut être expresse ou tacite, à titre onéreux ou à titre gratuit.

Il y a lieu de suivre, pour la remise expresse, les règles qui concernent l'acte (vente, donation ou testament) au moyen duquel elle s'opère.

On n'appelle proprement remise que celle qui a lieu à titre gratuit.

D'après la loi du 25 mars 1855 (article 2), tout acte portant renonciation à des droits de servitude doit être transcrit au bureau des hypothèques.

Quant à la remise tacite, elle ne peut résulter que de circonstances qui ne laissent aucun doute sur la volonté du renonçant.

Résolution du droit du constituant.

La résolution du *droit* du constituant n'éteint la servitude que tout autant qu'elle procède d'une cause contemporaine de l'établissement de la servitude ou antérieure à cet établissement; ainsi, c'est un acheteur sous pacte de *réméré* (pacte de rachat) qui a consenti une servitude réelle sur le fonds sujet à réméré; il est clair que, si le vendeur rachète ce fond, la servitude réelle consentie par l'acheteur dans l'intervalle de la vente au rachat s'évanouira.

Expropriation pour cause d'utilité publique.

Comme pour l'usufruit, pour l'usage et l'habitation, et sous la même sanction (v. p. 53), c'est le propriétaire qui est chargé de dénoncer les servitudes à l'administration. (V. aussi loi du 3 mai 1841, article 21.)

Prescription acquisitive.

Cette extinction se produit lorsque le fonds soumis à la servitude a été possédé pendant une durée de dix à vingt ans par un tiers acquéreur de bonne foi.

Rachat conventionnel des servitudes réelles.

Il n'existe qu'une servitude réelle dont le rachat forcé soit écrit dans la loi, c'est celle de *pacage conventionnel* entre particuliers. (V. loi du 6 octobre 1791.)

La faculté de rachat peut, d'ailleurs, être stipulée dans la constitution de toutes les servitudes réelles; si cette stipulation a lieu, comme la faculté de rachat est alors inhérente à la constitution même de la servitude, elle peut être exercée par tout propriétaire du fonds servant contre tout propriétaire du fonds dominant.

Notons que la clause de rachat ne tomberait pas sous le coup de la prescription. car elle ramène la propriété à ses meilleures conditions économiques, qui sont celles du droit libre du propriétaire.

TABLE DES MATIÈRES

LES SERVITUDES

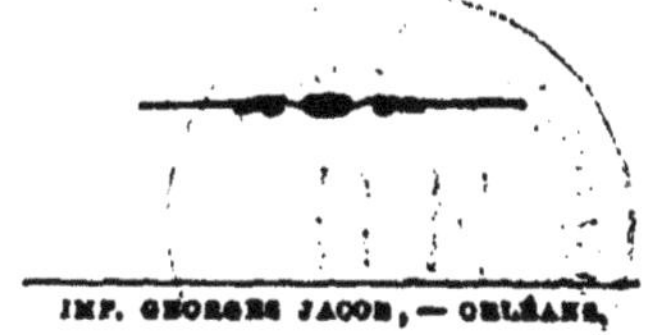

IMP. GEORGES JACOB, — ORLÉANS.

A LA MÊME LIBRAIRIE

Traité élémentaire de droit français, par Ch. BONNE, comprenant : 1° le droit civil, le droit commercial, le droit administratif et le droit pénal ; 2° la solution d'un grand nombre de questions pratiques ; 3° un formulaire de tous les actes que l'on peut rédiger soi-même, in-12, br. .... 5. »

Les Causeries du juge de paix, livre de lecture courante à l'usage des écoles primaires, par L. DE LAMY, avocat, in-12, illust. cart. .. 1.50

Notions élémentaires de Droit usuel et d'économie politique, par LE MÊME. In-12 illustré, cart. 1.50

Principes élémentaires d'économie politique, à l'usage des établissements d'enseignement primaire supérieur et d'enseignement secondaire spécial, par RENÉ TELLIEZ, juge au tribunal civil de Lille, in-12 cart. 1.25

Guide des délégués cantonaux (le) pour la surveillance et l'inspection des établissements primaires, par E. D'OLLENDON, sous-chef au ministère de l'Instruction publique, délégué cantonal. Br. in-12. ».80

Code manuel des délégués cantonaux, et communaux, par CHARLES LHOMME, membre et secrétaire de la délégation cantonale du VIe arrondissement de Paris, rédacteur à la préfecture de la Seine, officier d'académie, et PIERRET, commis principal à la préfecture de la Seine, officier d'académie, avec préface par CUISSART, inspecteur primaire, à Paris, in-12, br. .... 3. »

Cartonné toile anglaise... 3 50

La propriété industrielle et la propriété littéraire et artistique en France et à l'étranger, par FLINIAUX, avocat au Conseil d'État, in-12, br. .... 4. »

Code manuel des membres des Commissions municipales scolaires, par CHARLES LHOMME, membre et secrétaire de la commission municipale scolaire et de la délégation cantonale du VIe arrondissement de Paris, rédacteur à la préfecture de la Seine, officier d'académie in-12, br. 3. »

Cartonné.................... 3.50

Éléments d'économie rurale, industrielle et commerciale, par BAUDRILLART, membre de l'Institut, inspecteur général des bibliothèques de France, br. ... 3.50

— *Le même*, cart .... 4. »

Manuel d'économie politique, par LE MÊME, in-12, br. .... 4. »

Rudiments d'économie politique, par WORMS, professeur à la faculté de droit de Rennes, in-12, cartonné .... 3. »

Les jeudis de Villepreux, entretiens familiers d'un instituteur avec ses élèves, sur l'économie politique, par H. VIEL-LAMARRE, secrétaire de l'Association polytechnique, in-12, br. 1.25

Manuel populaire de morale et d'économie politique, par J.-J. RAPET, inspecteur général honoraire de l'enseignement primaire, in-12, br 3.50

Cours d'économie industrielle, par P. COQ, professeur à l'École supérieure municipale Turgot, à Paris, in-12, br. .... 4. »

— *Le même*, cart. 4.50

La loi sur l'organisation de l'enseignement primaire, Recueil de documents parlementaires relatifs à la discussion de cette loi à la Chambre des députés. 1 fort vol. in-8 br. .... 6. »

PARIS. — IMP. G. ROUGIER ET Cie, RUE CASSETTE, 1.

www.ingramcontent.com/pod-product-compliance
Ingram Content Group UK Ltd.
Pitfield, Milton Keynes, MK11 3LW, UK
UKHW021056270726
13967UKWH00012B/1967